OLD POZ

LE VIEUX POSITIF

OU

LE PÈRE POSITIF

PETITE COMÉDIE

A CINQ PERSONNAGES

PAR

MISS EDGEWORTH

TEXTE ET TRADUCTION

AVEC TRADUCTION INTERLINÉAIRE ET ANNOTATION DE LA PRONONCIATION

A L'USAGE DES CLASSES ÉLÉMENTAIRES

PAR

FRANCIS BERGER

Chevalier de la Couronne de Chêne, Chevalier de l'Ordre de Léopold de Belgique
et Chevalier de la Légion d'honneur

Prix : 1 fr. 50

PARIS
56, AVENUE DE L'OPÉRA, 56

1881

OLD POZ

OU

LE PÈRE POSITIF

PETITE COMÉDIE A CINQ PERSONNAGES

PARIS. — IMPRIMERIE A. LAHURE
Rue de Fleurus, 9

OLD POZ

LE VIEUX POSITIF

OU

LE PÈRE POSITIF

PETITE COMÉDIE

A CINQ PERSONNAGES

PAR

MISS EDGEWORTH

TEXTE ET TRADUCTION

AVEC TRADUCTION INTERLINÉAIRE ET ANNOTATION DE LA PRONONCIATION

A L'USAGE DES CLASSES ÉLÉMENTAIRES

PAR

FRANCIS BERGER

Chevalier de la Couronne de Chêne, Chevalier de l'Ordre de Léopold de Belgique et Chevalier de la Légion d'honneur

---

Prix : 1 fr. 50

PARIS

36, AVENUE DE L'OPÉRA, 36

1881

APPLICATION DE LA CLEF DE PRONONCIATION

Voyelles.

a	$\overset{1}{a}$	ex. :	f$\overset{1}{a}$te	qui signifie	*destin*	féte* (1)
	$\overset{2}{a}$	»	f$\overset{2}{a}$t	»	*gras*	fatt*
	$\overset{3}{a}$	»	f$\overset{3}{a}$r	»	*loin*	fâr*
	$\overset{4}{a}$	»	f$\overset{4}{a}$ll	»	*chute*	faôl'*
e	$\overset{1}{e}$	»	m$\overset{1}{e}$	»	*me, moi*	mî*
	$\overset{2}{e}$	»	m$\overset{2}{e}$t	»	*rencontré*	mett*
	$\overset{3}{e}$	»	m$\overset{3}{e}$r'cy	»	*merci*	meur'ci*
i	$\overset{1}{i}$	»	f$\overset{1}{i}$ne	»	*beau*	faïne*
	$\overset{2}{i}$	»	f$\overset{2}{i}$n	»	*nageoire*	finn*
	$\overset{3}{i}$	»	f$\overset{3}{i}$r	»	*sapin*	feur*
o	$\overset{1}{o}$	»	n$\overset{1}{o}$	»	*non, pas*	nô*
	$\overset{2}{o}$	»	n$\overset{2}{o}$t	»	*non, ne pas*	nott*
	$\overset{3}{o}$	»	n$\overset{3}{o}$r	»	*ni, non pas*	nor*
	$\overset{4}{o}$	»	n$\overset{4}{o}$ne	»	*aucun*	neunn*
	$\overset{5}{o}$	»	n$\overset{5}{o}$on	»	*midi*	noune*
u	$\overset{1}{u}$	»	t$\overset{1}{u}$be	»	*tube*	tioube*
	$\overset{2}{u}$	»	t$\overset{2}{u}$b	»	*cuve*	teubb*
	$\overset{3}{u}$	»	t$\overset{3}{u}$rn	»	*tour*	teurn*
	$\overset{4}{u}$	»	r$\overset{4}{u}$le	»	*règle*	roûle*
	$\overset{5}{u}$	»	b$\overset{5}{u}$ll	»	*bulle*	boull*
	oi	»	oil	»	*huile*	oïl*
	ou	»	cloud	»	*nuage*	claoud*

(1) *Les mots marqués du signe * indiquent la prononciation en lettres françaises.*

Nota. — Il suffit que l'élève, sous la direction de son professeur, se soit familiarisé avec le contenu des deux pages qui précèdent, pour qu'il puisse, au besoin, étudier *seul*, tout en acquérant une bonne prononciation. Il sera ainsi à même, en fort peu de temps, de comprendre un Anglais et de se faire comprendre de lui, résultat qui n'a pu, jusqu'à présent, être obtenu par les méthodes en usage.

Une démonstration publique du nouveau système est faite tous les lundis à 2 heures précises, au n° 36, Avenue de l'Opéra, à Paris, où des cours et leçons particulières sont donnés sous la direction de Mme L. Wilby, Officier d'Académie, à qui on est prié de s'adresser.

NOTES

extraites de " OLD POZ " traduit par M. Emile Chasles, Inspecteur général de l'Enseignement.

Miss Edgeworth, en composant la comédie qu'on va lire, n'a eu d'autre but que de mettre en scène, selon son habitude, un des défauts les plus ordinaires des hommes, à savoir l'entêtement et le ton affirmatif. Il se trouve que ce petit ouvrage, tout en dialogue et en action, est admirablement fait pour préparer un élève à entendre et parler l'anglais. Il est aisé de l'apprendre par cœur et de le jouer. Un enfant qui aura joué *Old Poz* saura plus vite et mieux les règles essentielles de l'anglais que s'il essayait péniblement de faire des *thèmes* et d'appliquer des mots anglais sur des mots français.

(1) Old Poz, mot à mot le Vieux Poz, est un sobriquet donné au juge Headstrong qui tranche et décide toujours en disant : *That is positive*, c'est positif, — et, par abréviation, *That's poz!*

Les noms des personnages sont également caractéristiques. — *Headstrong*, c'est l'Entêté. — *Mme Bustle*, c'est Mme Mille-Affaires, qui va, vient, bouscule et interrompt.

La traduction étant faite pour aider l'élève à trouver la phrase anglaise, on ne s'étonnera pas si le français est plus voisin du mot à mot que jaloux du style élégant.

(2) Allez à vos affaires, c'est-à-dire *allez vous promener!*

(3) L'auteur, miss Edgeworth, prend plaisir à faire parler d'une manière embrouillée les gens comme Mme Bustle.

(4) Nous n'avons rien voulu changer au texte de miss Edgeworth. On trouve ici un détail de mœurs qui indique comment, au commencement de ce siècle, on essaya de remplacer le mot *luncheon* par le mot *sandwich.*

TABLE DES MATIÈRES

Pages.

Clef de la prononciation 4

Texte anglais avec prononciation et traduction interlinéaire. 7

Texte anglais. 37

Traduction française. 36

OLD POZ

(ŏld pŏz)

Lŭ'cy, *Lucie*, dâu*gh*'tĕr tŏ thĕ jŭs'tĭce.
fille à le juge.

Mrs ([1]) Bŭs*t*le, lănd'lădy ŏf thĕ Să'răcĕn's Hĕad.
hôtesse de la Tête de Sarrasin.

Hĕad'strŏng, jŭs'tĭce ŏf thĕ péace.
juge de la paix.

ăn ŏld măn, un vieillard.

Wĭl'lĭăm, *Guillaume*, ă sĕr'vănt.
un domestique.

SCENE I

(Scène I.)

(Thè house ŏf jŭs'tĭce Hĕad'strŏng. — ă hăll. — Lŭ'cy wâ'tĕring sŏme my̆rtles. —
(La maison du juge Headstrong. — une salle. — Lucie arrosant des myrtes. —

ă sĕr'vănt bĕhĭnd' thĕ scène ĭs hĕard tŏ să*y* :)
un domestique derrière la scène est entendu dire :)

— I tĕll yoŭ, my̆ măs'tĕr ĭs nŏt ŭp... — Yoŭ căn't sée hĭm ;
— Je dis à vous, mon maître est pas levé... — Vous pouvez pas voir lui ;

sŏ gŏ ăbout' yoŭr bu'sĭnĕss (u = i), I să*y*.
ainsi allez à vos affaires, je dis.

LUCY. — *W*hŏm ăre yoŭ spéak'ĭng tŏ, *W*ĭl'lĭăm ? — Whŏ's thăt ?
Qui êtes vous parlant à, Guillaume ? — qui est-ce ?

WILLIAM. — ŏn'ly ăn ŏld măn, Mĭss, wĭth ă cŏmplăint' fŏr
seulement un vieillard, Mademoiselle, avec une plainte pour

my̆ măs'tĕr.
mon maître.

([1]) *Madame* se rend en anglais par Mrs (abréviation de Mĭs'*t*rĕss), quand le nom propre suit immédiatement.

LUCY. — ŏh! thĕn dŏn't sĕnd hĭm ȧwāy', — dŏn't sĕnd hĭm ȧwāy
oh! alors renvoyez pas lui loin, — renvoyez pas lui loin.

WILLIAM. — Bŭt măs'tĕr hăs nŏt hăd hĭs chŏ'cŏlāte, mă'am. Hē
Mais maître a pas eu son chocolat, madame. Il

wĭll nĕ'vĕr sēe an'y bŏ'dy (a=ĕ) bĕfōre' hē drĭnks hĭs chŏ'cŏlāte,
veut jamais voir quelqu'un avant il boit son chocolat,

yoū *knōw*, mă'am.
vous savez, madame.

LUCY. — Bŭt lĕt thē ōld măn thĕn cōme ĭn hēre; — pĕrhăps' hē
Mais laissez le vieillard alors entrer ici; — peut-être il

căn wāit' ȧ lĭttle whīle'; căll hĭm.
peut attendre un petit temps; appelez lui.

(ĕxĭt sĕr'vănt; — Lū'cy sĭngs, ănd gōes ŏn wă'tĕrĭng hĕr mўr'tles; —
(sort domestique; — Lucie chante, et va en avant arrosant ses myrtes; —

(thē sĕr'vănt shō*w*s ĭn thē ōld măn.)
(le domestique introduit le vieillard.)

WILLIAM. — Yoū căn't sēe mȳ măs'tĕr thĭs *h*our, bŭt Mĭss
Vous pouvez pas voir mon maître cette heure, mais Mademoiselle

wĭll lĕt yoū stā*y* hēre.
laissera vous rester ici.

LUCY (ăside'). — Pōor ōld măn, how hē trĕm'bles ăs hē wă*l*ks!
(à part). Pauvre vieillard, comme il tremble quand il marche!

(ăloud') Sĭt down, sĭt down; mȳ fă'thĕr wĭll sēe yoū sōon; prā*y*,
(haut) Asseyez, asseyez-vous; mon père verra vous bientôt; je prie,

sĭt down. (Hē hĕ'sĭtātes, shē pŭsh'ĕs ȧ chāir tō*w*'ărds hĭm.)
asseyez-vous. (Il hésite, elle pousse une chaise vers lui.)

LUCY. — Prā*y*, sĭt down. (Hē sĭts down.)
Je prie, asseyez. (Il s'assied.)

OLD MAN. — Yoū ăre vĕ'ry gōod, mĭss, vĕ'ry gōod.
Vous êtes très bonne, Mademoiselle, très bonne.

(Lū'cy gōes tō hĕr mўr'tles ăgăin'.)
Lucie va à ses myrtes de nouveau.)

LUCY. — åh! I åm åfràid' thĭs pŏor mÿr'tle ĭs quĭte' dĕad, —
ah! Je suis effrayée ce pauvre myrte est tout-à-fait mort, —

quĭte' dĕad. (Thĕ ŏld mån sighs, ånd shĕ tŭrns round).
tout-à-fait mort. (Le vieillard soupire, et elle se retourne).

LUCY (åside'). — I wŏn'dĕr whåt' cån måke hĭm sigh sŏ! — (åloud'.)
(à part). Je m'étonne ce qui peut faire lui soupirer ainsi! — (haut.)

Mÿ få'thĕr wŏn't måke yoŭ wàit' lŏng.
Mon père voudra pas faire vous attendre longtemps.

OLD MAN. — ŏh! må'am, ås lŏng ås hĕ plĕa'sĕs. — I åm ĭn
oh! madame, aussi longtemps que il plaît. — Je suis dans

nŏ håste, — nŏ håste; — ĭt's ŏn'ly å småll måt'tĕr.
pas de hâte, — pas de hâte; — c'est seulement une petite affaire.

LUCY. — Bŭt dŏes å småll måt'tĕr måke yoŭ sigh sŏ?
Mais fait une petite affaire faire vous soupirer ainsi?

OLD MAN. — åh, mĭss, bĕcåuse'..... thŏugh ĭt ĭs å småll måt'tĕr
ah, Mademoiselle, parce que.... quoique c'est une petite affaire

ĭn ĭtsĕlf, ĭt ĭs nŏt å småll måt'tĕr tŏ mĕ (sighĭng ågain' (a = ĕ); ĭt wås
en elle-même, c'est pas une petite affaire à moi (soupirant de nouveau); c'était

mÿ åll ånd I've lŏst ĭt.
mon tout et j'ai perdu le.

LUCY. — Whåt dŏ yoŭ mĕan? Whåt håve yoŭ lŏst?
Que voulez vous dire? qu'avez vous perdu?

OLD MAN. — Whÿ, Mĭss? — I wŏn't troŭble yoŭ åbout' ĭt.
Mais, Mademoiselle? — Je veux pas troubler vous touchant cela.

LUCY. — Bŭt ĭt wŏn't troŭble mĕ åt åll? I mĕan, I wĭsh
Mais cela tourmentera pas moi du tout? Je veux dire, je souhaite

tŏ hĕar ĭt, — sŏ tĕll ĭt mĕ.
d'entendre cela, — ainsi dites le moi.

OLD MAN. — Whẏ, Mĭss, I slĕpt lăst night ăt thė ĭnn hēre
Eh bien, Mademoiselle, j'ai couché dernière nuit à l'auberge ici

ĭn town, — thė Să'răcĕn's Hĕad.
en ville, — à la Tête de Sarrasin.

LUCY (ĭntĕrrŭpts' hĭm). Hărk, thēre ĭs mẏ fă'thĕr cŏm'ĭng down stăirs;
(interrompt lui). Ecoutez, voilà mon père venant en bas escaliers;

fŏl'lōw mė; — yoŭ măy tĕll mė yoŭr stŏ'ry ăs wė gō ălŏng'.
suivez moi; — vous pouvez dire à moi votre histoire comme nous marchons.

OLD MAN. — I slĕpt ăt thė Să'răcĕn's Hĕad, Mĭss, and...
J'ai couché à la Tête de Sarrasin, Mademoiselle, et...

(ĕx'ĭt tăl'kĭng.)
(sort en parlant.)

SCENE II

(Jŭs'tĭce Hĕad'strŏng's stŭ'dy.)
(Du juge Headstrong le cabinet.)

(Hė ăppĕars' ĭn hĭs drĕs'sĭng-gown ănd căp, wĭth hĭs gou'ty fŏot ŭpŏn' ă
(Il paraît en sa robe de chambre et bonnet, avec son goutteux pied sur un

stŏol. — ă tăble ănd chŏ'cŏlăte bėsĭde' hĭm. Lŭ'cy ĭs lĕa'nĭng ŏn thė
tabouret. — une table et chocolat à côté de lui. Lucie est s'appuyant sur le

ărm ŏf hĭs chăir.)
bras de son fauteuil.)

JUST. — Wĕll, wĕll, mẏ dăr'lĭng, prĕ'sĕntly. — I'll sėe hĭm
— Bien, bien, ma chérie, tout de suite. — Je verrai lui

prĕ'sĕntly.
tout de suite.

LUCY. — Whĭlst yoŭ ăre drĭnk'ĭng yoŭr chŏ'cŏlăte, păpă'?
Pendant que vous êtes buvant votre chocolat, papa?

JUST. — Nō, nō, nō. — I nĕ'vĕr sėe ăn'y bŏ'dy (a = ĕ) tĭll
Non, non, non. — Je jamais vois quelqu'un jusqu'à ce que

I hăve fĭn'ĭshed mẏ chŏ'cŏlăte, dăr'lĭng. (Hė tăstes hĭs chŏ'cŏlăte.) Thēre's
je ai fini mon chocolat, chérie. (Il goûte son chocolat.) Il y a

nō sŭ'găr (s = ch) ĭn thĭs, chĭld.
pas de sucre dans ceci, enfant.

LUCY. — Yês, îndêed', pâpâ'.
Si, vraiment, papa.

JUST. — Nò, child; — thĕre's nò sú'gâr (s = *ch*), I têll yoû; —
Non, enfant; — il y a pas de sucre, je dis à vous; —

thât's pôz !
c'est positif !

LUCY. — òh; bût, pâpâ', I âssûre' (ss = *ch*) yoû, I pût în *twò*
oh, mais, papa, je assure vous, j'ai mis dedans deux

lûmps mŷsĕlf'.
morceaux moi-même.

JUST. — Thĕre's nò sû'gâr (s = *ch*), I sâ*y*. — Whŷ wîll yoû
Il y a pas de sucre, je dis. — Pourquoi voulez vous

cônträdîct' mè, child, fôr ĕv'ĕr? Thĕre îs nò sû'gâr (s = *ch*) I sâ*y*.
contredire moi, enfant, pour toujours? Il y a pas de sucre je dis.

(Lû'cy lèans ò'vĕr hîm plâ*y*'fûlly, ând wîth hîs tèa-spôon pûlls
(Lucie se penche sur lui avec enjouement, et avec sa cuiller à thé tire

out *twò* lûmps ôf sû'gâr (s = *ch*).
dehors deux morceaux de sucre.

LUCY. — Whât's thîs, pâpâ?
Qu'est-ce ceci, papa?

JUST. — Pshâ*w*! pshâ*w*! pshâ*w*! It îs nôt mĕl'tĕd, child. — It îs
Bah! bah! bah! Il est pas fondu, enfant. — c'est

thè sâme âs nò sû'gâr (s = *ch*). òh, mŷ foôt, gîrl! mŷ foôt! —
de même que pas de sucre. Oh, mon pied, ma fille! mon pied! —

yoû kîll mè. — Gò, gò, I'm bu'sy (u = *i*). — I've bu'sînĕss (u = *i*)
vous tuez moi. — Allez, allez, je suis occupé. — J'ai des affaires

tò dò. — Gò ând sĕnd Wîl'lîâm tò mè; dò yoû hèar, lôve?
à faire. — Allez et envoyez Guillaume à moi; entendez-vous, amour?

LUCY. — ând thè òld mân, pâpâ'?
Et le vieillard, papa?

JUST. — Whât òld mân? I têll yoû whât, I've bèen plâ'gued ĕv'ĕr
Quel vieillard? Je vous dis ce que c'est, j'ai été importuné toujours

since I was awake', and before' I was awake', about' that
depuis que j'étais éveillé, et avant que j'étais éveillé, concernant ce

old man. if he can't wait, let him go about' his bu'siness (u = i)
vieillard. Si il peut pas attendre, laissez le aller à ses affaires.

— Don't you *know*, I ne'ver see an'y bo'dy (a = è) till I've
— Ne savez-vous pas, je jamais vois quelqu'un jusqu'à ce que j'aie

drunk my cho'colate? — and I ne'ver were, if it were a duke,
bu mon chocolat? — et je ne voudrai jamais, si c'était un duc,

that's poz! Why it has but just struck twelve'; if he can't
c'est positif! Mais il a seulement juste frappé douze heures; si il peut pas

wait, he can go about' his bu'siness (u = *i*), can't he?
attendre, il peut aller à ses affaires, ne le peut-il pas?

LUCY. — o, sir, he can wait. it was not he *who* was
Oh, Monsieur, il peut attendre. Ce n'était pas lui qui était

impa'tient (t = *ch*) (she comes back pla*y*'fully); it was on'ly I, papa';
impatient (elle revient avec enjouement); c'était seulement moi, papa;

don't be an'gry.
ne soyez pas fâché.

JUST. — Well, well (fin'ishing his cup of cho'colate, and push'ing the tra*y*
Bien, bien (achevant sa tasse de chocolat, et poussant le plateau

awa*y*'); and at an'y (a = è) rate there was not su'gar (s = *ch*) enough'
loin); et de toute façon il y avait pas de sucre assez

(gh = f). Send Wil'liam, send Wil'liam, child, and I'll fin'ish my
Envoyez Guillaume, envoyez Guillaume, enfant, et je finirai ma

o*w*n bu'siness (u = *i*), and then....
propre affaire, et alors.....

(ex'it Lu'cy — dan'cing.) — « and then! — and then! »
(sort Lucie — en dansant.) — et alors! — et alors!

JUSTICE alone'.
le juge seul.

oh, this foot of mine! (twin'ges.) — oh, this foot! Ay, if Doc'tor
Oh, ce pied des miens! (il a un accès) — Oh, ce pied! Oui, si le docteur

Spåre'rîb coûld cûre one (o=wŏ) ôf thė gout, thĕn, îndėed' I
Sparerib pouvait guérir quelqu'un de la goutte, alors, en vérité, je

shoûld think sôme'thîng ôf hîm; — bût, âs tô mŷ lėa'vîng ôff
croirais quelque chose de lui; — mais, quant à mon renoncement à

mŷ bôttle ôf Pôrt, ît's nŏn'sĕnse, ît's âll nŏn'sĕnse, I cân't dô
ma bouteille de Porto, c'est absurde, c'est tout absurde, je peux pas faire

ît. — I cân't, ând I wŏn't fôr âll thė Dr Spåre'rîbs în
cela. — Je peux pas, et je veux pas pour tous les docteurs Spareribs en

Chrîs'tendôm, thât's pôz!
chrétienté, c'est positif!

ĕn'tĕr WILLIAM.
entre Guillaume.

JUST. — Wîl'lîâm — ôh! — aŷ — aŷ — hĕy — whât ânswĕr,
Guillaume — Oh! — aïe — aïe — hé — quelle réponse

prây, dîd yoû brîng frôm thė Sâ'râcĕn's Hĕad? Dîd yoû sėe Mrs
dites, avez-vous apportée de la Tête de Sarrasin? Avez-vous vu Madame

Bûstle hĕrsĕlf, âs I bâde yoû?
Bustle elle-même comme j'ai commandé vous?

WILL. — Yĕs, sîr, I sâw thė lând'lâdy hĕrsĕlf; — shė sâid shė
Oui, Monsieur, j'ai vu l'hôtesse elle-même; — elle a dit elle

woûld côme ûp îmmė'dîâtely, sîr.
viendrait immédiatement, Monsieur.

JUST. — âh, thât's wĕll..... — îmmė'dîâtely?
Ah, cela est bien..... — immédiatement?

WILL. — Yĕs, sîr, ând I hėar hĕr voice bėlŏw' now.
Oui, Monsieur, et j'entends sa voix en bas à présent.

JUST. — O, shŏw hĕr ûp, shŏw Mrs Bûstle în.
O, montrez elle en haut, menez Madame Bustle dedans.

(ĕn'tĕr Mrs BUSTLE, thė lând'lâdy ôf thė Sâ'râcĕn's Hĕad.)
(entre Madame Bustle, l'hôtesse de la Tête de Sarrasin.)

LAND. — Gôod mŏr'nîng tô yoûr wŏr'shîp! — I'm glâd tô sėe yoûr
Bonjour à votre Honneur! — Je suis contente de voir votre

wôr'shîp lôok sô wêll. — I câme ûp wîth âll spêed (tâ'kîng
Honneur avoir l'air si bien. — Je suis venue avec toute célérité (reprenant

brêath). Our pîe îs în thê ôven; — thât wâs whât yoû sênt fôr
haleine). Notre pâté est dans le four; — cela était ce quoi vous envoyez pour

mê âbout', I tâke ît.
moi concernant, je pense.

JUST. — Trûe — trûe — sît down, gôod Mrs Bûs*t*le, prâ*y*.
Vrai — vrai — asseyez-vous, bonne Mme Bustle, je prie.

LAND. — O, yoûr wôr'shîp's âl'wâ*y*s vê'ry gôod (sêt'tlîng hêr â'prôn);
O, votre Honneur est toujours très bonne (arrangeant son tablier);

I câme ûp jûst âs I wâs, ôn'ly threw (ew = û) mŷ shâ*w*l ô'vêr
Je suis venue juste comme j'étais, seulement j'ai jeté mon châle sur

mê; I thôu*gh*t yoûr wôr'shîp woû*l*d êxcûse'. — I'm qûîte' rêjoiced' tô
moi; J'ai pensé votre Honneur excuserait. — Je suis tout-à-fait réjouie de

sêe yoûr wôr'shîp lôok sô wêll, ând tô fînd yoû sô heâr'ty.
voir votre Honneur avoir si bonne mine et de trouver vous si gaillard.

JUST. — O, I'm vê'ry heâr'ty (côugh'îng (gh = f), âl'wâ*y*s heâr'ty ând
O, je suis très gaillard (toussant), toujours gaillard et

thânk'fûl fôr ît; — I hôpe tô sêe man'y (a = ê) C*h*rîs'*t*mâs dô'îngs
reconnaissant pour cela; — J'espère de voir beaucoup fêtes de Noël

yêt, Mrs Bûs*t*le; — ând sô our pîe îs în thê ôven, I thînk
encore, Mme Bustle; — et ainsi notre pâté est dans le four, je pense

yoû sâ*y*.
vous dites.

LAND. — în thê ôven, ît îs. — I pût ît în wîth mŷ ô*w*n
Dans le four, il est. — J'ai mis le dans avec mes propres

hânds, ând, îf wê hâve bût gôod lûck în thê bâ'kîng, ît wîll bê
mains, et, si nous avons seulement bonne chance dans la cuisson, ce sera

âs prêt'ty â gôose-pîe, thôu*gh* I shoû*l*d nôt sâ*y* ît, âs prêt'ty â
aussi joli un pâté d'oie, quoique je devrais pas dire cela, aussi joli un

gôose-pîe âs ê'vêr yoûr wôr'shîp sêt yoûr e*y*e ûpôn'.
pâté d'oie que jamais votre Honneur posa votre œil dessus.

JUST. — Will you take a glass of an'ything (a = è) this mor'ning,
Voulez-vous prendre un verre de quelque chose ce matin,

Mrs Bustle? — I have some nice whis'key.
Mme Bustle? — J'ai du bon whisky.

LAND. — O no, your wor'ship! — I thank your wor'ship,
Oh non, votre Honneur! — je remercie votre Honneur,

as much as if I took it; but I just took my lun'cheon (ch = *ch*)
autant que si j'avais pris le; mais j'ai justement pris mon lunch

before' I came up — or more pro'per my « sand'wich », I shou*l*d
avant je suis venue — ou plus convenablement ma sandwich, je devrais

say, for the fash'ion's sake, to be sure (s = *ch*). a « lun'cheon » (ch = *ch*)
dire, pour de la mode égard, certainement. Un lunch

won't go down with an'ybody (a = è) now'adays, (laughs (gh = f). I expect'
veut pas être digéré par personne, aujourd'hui, (elle rit). J'attends

*h*os'*t*ler and boots will be cal'ling for their sand'wiches
garçon d'écurie et le circur de bottes seront demandant pour leurs sandwiches

pretty soon (laughs (gh = f) again' (a = è); — I'm sure (s = *ch*) I beg
bientôt (elle rit de nouveau); — certainement je demande

your wor'ship's par'don for men'tioning a « lun'cheon » (ch = *ch*).
de votre Honneur pardon en mentionnant un lunch.

JUST. — O, Mrs Bus*t*le, the word's a good word, for it means a
Oh, Mme Bustle, le mot est un bon mot, car il signifie une

good thing, ha! ha! ha! ha! (pulls out his watch); — but, pray, is it
bonne chose, ha! ha! ha! ha! (Il tire dehors sa montre); — mais, je vous prie, est-il

lun'cheon time? — Why! it's past one (o = wo), I declare', and I
l'heure du lunch — comment! il est passé une heure, je déclare, et je

thou*gh*t I was up in remar'kably good time too.
pensais j'étais levé dans remarquable bonne heure aussi.

LAND. — Well, and to be sure (s = *ch*) so it was; remar'kably
Bien, et certainement c'était ainsi; remarquablement

gȏod tīme fȏr yoûr wôr'shīp. — bůt fȏlks īn our wāy můst
de bonne heure pour votre Honneur, — mais les gens dans notre position doivent

bē ůp bētīmes', yoû know, — I've bēen ůp ānd ābout' thēse
être levés de bonne heure, vous savez, — J'ai été debout et partout ces

sēv'en hours!
sept heures!

JUST. (strēt'chīng). — Sēv'en hours!
(s'étendant). — Sept heures!

LAND. — Aȳ, īndēed', eight (ei = ā), I might sāy, fȏr I'm ān
Oui, en vérité, huit, je pourrais dire, car je suis une

ēar'ly līttle bȏ'dy, thȏugh I shoůld nȏt sāy īt. — I ām ān
matinale petite personne, quoique je devrais pas dire cela. — Je suis une

ēar'ly līttle bȏ'dy.
matinale petite personne.

JUST. — ān ēar'ly līttle bȏ'dy, ās yoû sāy, Mrs Bůstle. —
Une matinale petite personne comme vous dites, Mme Bustle. —

Sō, I shāll hāve mȳ gȏose-pīe fȏr dīn'nēr, hēy?
Ainsi, j'aurai mon pâté d'oie pour le dîner, hé?

LAND. — Fȏr dīn'nēr, ās sûre (s = ch) ās thē clȏck strīkes
Pour le dîner, aussi sûr que l'horloge sonne

fȏur; — bůt I můstn't stāy prā'tīng, fȏr īt māy bē spoil'īng
quatre heures; — Mais je ne dois pas rester bavardant, car il peut être gâtant

īf I'm āwāy'; — sō I můst wīsh yoûr wôr'shīp ā gȏod mȏr'nīng.
si je suis éloignée; — ainsi je dois souhaiter à votre Honneur le bon jour.

(shē cůrt'sīes.)
(elle salue.)

JUST. — Nō cē'rēmȏny, — nō cē'rēmȏny, gȏod Mrs Bůstle, yoûr
Pas de cérémonie, — pas de cérémonie, bonne Mme Bustle, votre

sēr'vānt.
serviteur.

ĕn'tĕr WILLIAM,
entre Guillaume,

(tŏ tāke ăwāy' thĕ chŏ'cŏlāte. — Thĕ Lănd'lādy ĭs pŭt'tĭng ŏn hĕr
(pour emporter le chocolat. — L'hôtesse est mettant son
shâwl).
châle).]

JUST. — Yoû māy lĕt thăt măn *know*, Wĭl'lĭăm, thăt I hăve
Vous pouvez laisser cet homme savoir, Guillaume, que j'ai
dĕspătched' mȳ ōwn bu'sĭnĕss (u=i), ănd I ăm ăt lĕi'sŭre (s=*j*) fŏr
expédié mes propres affaires, et que je suis à loisir pour
hĭs now — (tā'kĭng ā pĭnch ŏf snŭff). — Hŭm! prāy, Wĭl'lĭăm
la sienne à présent — (prenant une pincée de tabac). — Hem! dites-moi, Guillaume
(Jŭs'tĭce lĕans băck grāve'ly) — whăt sŏrt ŏf ă lŏŏk'ĭng fĕl'lōw ĭs hĕ,
(Le juge se penche en arrière gravement) — quelle espèce de un ayant l'air individu est-il,
prāy?
je vous prie?

WILL. — Mōst lĭke ă sŏrt ŏf ă tră'vĕllĭng măn, ĭn mȳ
Très semblable à une espèce de un voyageant homme, dans mon
ŏpĭn'ĭŏn, sĭr, ŏr sŏme'thĭng thăt wāy, I tāke ĭt.
opinion, Monsieur, ou quelque chose ce genre, je suppose.

(ăt thĕse wŏrds, thĕ Lănd'lādy tŭrns round ĭnquĭ'sĭtĭvely, ănd dĕlāys',
(à ces mots, l'hôtesse se retourne curieusement, et retarde,
thăt shĕ māy lĭs*t*en, whĭlst shĕ ĭs pŭt'tĭng ŏn ănd pĭn'nĭng
afin que elle puisse écouter, pendant que elle est mettant et attachant
hĕr shâwl.)
son châle.)

JUST. — Hŭm! — ă sŏrt ŏf ă tră'vĕllĭng măn. — Hŭm! —
Hem! — une espèce de un voyageant homme, — Hem! —
Lāy mȳ bŏŏks out ŏpen, ăt thĕ tĭtle « Vā'grănt » — ănd, Wĭl'lĭăm,
Posez mes livres dehors ouverts, à le titre Vagabond — et, Guillaume,
tĕll thĕ cŏok thăt Mrs Bŭstle prŏmĭsĕs mĕ thĕ gŏose-pie fŏr dĭn'nĕr,
dites au cuisinier que Mme Bustle promet à moi le pâté d'oie pour dîner,

— fo̊ur o̊'clo̊ck, do̊ yoû hēar? ând shōw thè ōld mân în now.
— quatre heures, entendez-vous? et montrez le vieillard céans maintenant.

(Thè Lând'lâdy lo̊oks ēa'gėrly to̊w'ârds thè do̊or, âs ît
(L'hôtesse regarde curieusement vers la porte, comme elle

ōpens, ând ėxclâims':)
s'ouvre, et s'écrie:)

LAND. — My ōld gėn'tlemân!
Mon vieux Monsieur!

ėn'tėr thè OLD MAN.
entre le vieillard.

(Lû'cy fo̊l'lōws thè ōld mân o̊n tîp'tōe. — Thè Jûs'tîce lēans
(Lucie suit le vieillard sur la pointe du pied. — Le juge se penche

bâck, ând lo̊oks co̊nsėqûėn'tîâl (t = ch). — Thè Lând'lâdy sėts
en arrière, et prend un air d'importance. — L'hôtesse met

hėr ârms âkim'bō; thè ōld mân stârts âs hè sēes hėr.)
ses poings sur les hanches; le vieillard tressaille comme il voit elle.)

JUST. — Whât sto̊ps yoû, friėnd? Cōme fo̊r'wârd, îf yoû plēase.
Quoi arrête vous, l'ami? Avancez, s'il vous plaît.

LAND. — (âdvân'cîng). — Sō, sîr! îs ît yoû, sîr? — Ay,
(avançant). — Ainsi, Monsieur! est-ce vous, Monsieur? — Ah!

yoû lîttle ėxpėc'tėd, I wâr'rânt yoû, to̊ mēet mè hēre wîth hîs
vous peu attendiez, je vous le garantis, à rencontrer moi ici avec son

wo̊r'shîp. — Bût thėre yoû rėc'kōned wîthout' yoûr hōst... — out o̊f
Honneur. — Mais là vous avez compté sans votre hôte... — hors de

thè frȳ'îng-pân în'to̊ thè fire.
la poële à frire dans le feu.

JUST. — Whât îs âll thîs? — Whât îs thîs?
Quoi est tout ceci? — Quoi est ceci?

LAND (rûn'nîng o̊n). — Nōne o̊f yoûr flûm'mėry stûff wîll gō down
(poursuivant). — Aucunes de vos balivernes seront avalées

wîth hîs wo̊r'shîp, nō mōre thân wîth mè, I gîve yoû wâr'nîng;
par son Honneur, pas plus que par moi, je donne à vous avertissement;

— sŏ yoû mày gŏ fŭr'thĕr ănd fâre wôrse — ănd spâre
— ainsi vous pouvez aller plus loin et vous trouver plus mal — et épargner

yoûr brĕath tŏ cŏol yoûr pŏrrĭdge.
votre souffle pour refroidir votre soupe.

JUST. (wâves hĭs hănd wĭth dĭg'nĭty) — Mrs Bŭs*t*le, rĕmĕm'bĕr
(il balance sa main avec dignité) — Mme Bustle, rappelez-vous

whĕre yoû ăre. — Sĭ'lĕnce ! — Sĭ'lĕnce ! — Côme fŏr'wărd, sĭr,
où vous êtes. — Silence ! — Silence ! — Avancez, Monsieur,

ănd lĕt mĕ hĕar whăt yoû hăve tŏ sà*y*.
et laissez moi entendre ce que vous avez à dire.

(Thĕ ŏld măn cômes fŏr'wă d.)
(Le viellard s'avance.)

JUST. — *Wh*ŏ, ănd whăt mà*y* yoû bĕ, friĕnd ? ănd whăt ĭs yoûr
Qui, et quoi pouvez-vous être, l'ami ? et quelle est votre

bu'sĭnĕss (u = *i*) wĭth mĕ ?
affaire avec moi ?

LAND. — Sĭr, ĭf yoûr wŏr'shĭp wĭll gĭve mĕ lĕave...
Monsieur, si votre Honneur veut me donner permission...

(Jŭs'tĭce măkes ă sĭ*g*n tŏ hĕr tŏ bĕ sĭ'lĕnt.)
(Le juge fait un signe à elle d'être silencieuse.)

OLD MAN. — Plĕase yoûr wŏr'shĭp, I ăm ăn ŏld sŏld'iĕr (i = *j*).
Plaise à votre Honneur, je suis un vieux soldat.

LAND (ĭntĕrrŭp'tĭng). — ăn ŏld hy̆'pŏcrĭte, sà*y*.
(interrompant). — Un vieil hypocrite, dites.

JUST.—Mrs Bŭs*t*le, prà*y*, —I dĕsĭre', — lĕt thĕ măn spĕak.
Mme Bustle, je vous en prie, — je désire, — laisssez l'homme parler.

OLD MAN. — Fŏr thĕse t*w*ŏ yĕars păst, ĕv'ĕr sĭn'ce, plĕase
Pendant ces deux années passées, toujours depuis, plaise

yoûr wŏr'shĭp, I wăsn't ăble tŏ wŏrk an'y (a = ĕ) lŏng'ĕr, fŏr
à votre Honneur, je n'étais pas capable de travailler plus longtemps, car

ĭn mȳ yoûth I dĭd wŏrk ăs wĕll ăs thĕ bĕst ŏf thĕm...
dans ma jeunesse j'ai travaillé aussi bien que le meilleur d'eux...

LAND (èa'gĕr tô intĕrrŭpt'). — Yoû, wôrk ! — yoû...
(impatiente d'interrompre). — Vous, travailler ! — vous...

JUST. — Lĕt hĭm fĭn'ish hĭs stô'ry, I sây.
Laissez le finir son histoire, vous dis-je.

LUCY. — Ây, dô, dô, pâpâ', speak fôr hĭm. Prây,
Oui, faites, faites, papa, parlez pour lui. Je vous en prie,

Mrs Bŭs*t*le.
Mme Bustle.

LAND (tŭr'nĭng sŭd'dĕnly round tô Lŭ'cy). — Mĭss ! — â good mŏr'nĭng
(se retournant subitement vers Lucie). — Mademoiselle ! — le bonjour

tô yoû, mâ'am — I *h*ŭm'bly bĕg yoûr âpŏl'ŏgĭes, fôr nŏt sè'ĭng
à vous, madame — je humblement demande vos excuses, pour pas voyant

yoû sôo'nĕr, mĭss Lŭ'cy.
vous plus tôt, Mademoiselle Lucie.

(Jŭs'tĭce nŏds tô thè ŏld mân *w*hô gôes ŏn,)
(Le juge fait signe au vieillard qui continue.)

OLD MAN. — Bŭt, plèase yoûr wôr'shĭp, ĭt plèased Gŏd tô tâke âwây'
Mais, plaise à votre Honneur, il a plu à Dieu d'ôter

thè ûse ôf mÿ lĕft ârm, ând, sĭnce thât, I hâve nĕ'vĕr bèen âble
l'usage de mon gauche bras, et, depuis cela, je ai jamais été capable

tô wôrk.
de travailler.

LAND. — Flŭm'mĕry ! flŭm'mĕry !
Balivernes ! balivernes !

JUST (âng'rĭly). — Mrs Bŭs*t*le, I hâve dèsired' sĭ'lĕnce, ând
(en colère). — Mme Bustle, j'ai désiré le silence, et

wĭll hâve ĭt..... thât's pŏz ! — yoû shâll hâve yoûr tŭrn
je l'aurai..... c'est positif ! — vous aurez votre tour

prĕ'sĕntly.
tout à l'heure.

OLD MAN. — Fôr thèse t*w*ô yèars pâst, — fôr whÿ shoû*l*d I bè
Pendant ces deux années passées, — car pourquoi serais-je

åshå'med tŏ tĕll thĕ trŭth? — I hâve lĭved ŭpŏn' chă'rĭty, ănd
honteux de dire la vérité? — j'ai vécu sur la charité, et

I scrăped tŏgĕ'thĕr ă guĭ'nĕa ănd ă hălf, ănd ŭp'wârds; ănd I wâs
j'ai amassé une guinée et une demie, et au delà; et j'étais

trăv'ĕllĭng wĭth ĭt tŏ mў grănd'sŏn, in thĕ nŏrth, wĭth hĭm tŏ ĕnd
voyageant avec vers mon petit-fils, dans le nord, avec lui pour finir

mў dăys, — bŭt (sighing)...
mes jours, — mais (soupirant)...

JUST. — Bŭt, whăt? — Prŏcĕed', prăy, tŏ thĕ point.
Mais quoi? — Venez-en, je vous prie, au fait.

OLD MAN. — Bŭt, lăst night, I slĕpt hĕre ĭn town, plĕase yoŭr
Mais, la dernière nuit, j'ai couché ici en ville, plaise à votre

wŏr'shĭp, ăt thĕ Să'răcĕn's Hĕad!
Honneur, à la Tête de Sarrasin.

LAND (ĭn ă răge). — ăt thĕ Să'răcĕn's Hĕad! Yĕs, fŏrsŏoth', nŏne
(dans une rage). — à la Tête de Sarrasin! Oui, sur ma foi, aucun

sŭch ĕv'ĕr slĕpt ăt thĕ Să'răcĕn's Hĕad bĕfŏre', ŏr ĕv'ĕr shăll
pareil jamais a couché à la Tête de Sarrasin auparavant, ou jamais couchera

ăftĕr, ăs lŏng ăs mў năme's Bŭstle, ănd thĕ Să'răcĕn's Hĕad ĭs
après, aussi longtemps que mon nom est Bustle et que la Tête de Sarrasin est

thĕ Să'răcĕn's Hĕad!
la Tête de Sarrasin!

JUST. — ăgăin'! ăgăin'! — Mrs lănd'lădy, thĭs ĭs downright.
Encore! encore! — Mme l'hôtesse, ceci est net.

— I hăve săid yoŭ shoŭld spĕak prĕ'sĕntly; hĕ shăll spĕak fĭrst,
— J'ai dit vous parleriez tout à l'heure; il parlera le premier,

since I've săid ĭt, — thăt's pŏz! Spĕak ŏn, friĕnd: yoŭ slĕpt
puisque je l'ai dit, — c'est positif! Continuez, mon ami: vous avez couché

lăst night ăt thĕ Să'răcĕn's Hĕad.
la dernière nuit à la tête de Sarrasin.

OLD MAN. — Yĕs, plĕase yoŭr wŏr'shĭp, ănd I ăccŭse' nŏ'bŏdy
Oui, plaise à votre Honneur, et j'accuse personne

— bůt, åt ni*gh*t, I hắd mỷ little mơn'eỷ sắfe, ånd in thẻ mởr'ning

— mais, à la nuit, j'avais mon peu d'argent sauf, et le matin

it wås gône.

il était parti.

LAND. — Gône ! — gône, indeed', in mỷ house ! ånd this is thẻ

Parti ! — parti, en vérité, dans ma maison ! et ceci est la

wa*y* I'm tô bẻ trea'ted ! is it sô ? — I cou*l*dn't bůt speak, please

façon je dois être traitée ! est-ce ainsi ? — Je ne pourrais que parler, plaise

your wor'ship, tô sůch ån inhu'mån-like, out ô'thẻ wa*y*, scån'dålous

à votre Honneur, devant une telle barbare, extraordinaire, scandaleuse

chårge, if King George (G = g), ånd åll thẻ Royål fåm'ily,

accusation, même si le roi Georges, et toute la royale famille,

were sit'ting in your wor'ship's chåir, besides' you, tô si'lence mẻ.

étaient assis dans de votre Honneur siège, outre vous, pour m'imposer silence.

— (Tůr'ning tô thẻ old mån) ånd this is your grå'titude, forsooth' !

(se tournant vers le vieillard) Et ceci est votre gratitude, en vérité !

Didn't you tell mẻ thåt an'y (a = ě) hole in mỷ house wås good

Ne disiez-vous pas que quelconque trou dans ma maison était bon

enough' (gh = f) for you, you wheedling hỷp'ocrite, ånd mỷ

assez pour vous, vous cajoleur hypocrite, et mes

thånks is tô cåll mẻ ånd mine å påck of thieves.

remerciements est d'appeler moi et les miens une bande de voleurs.

OLD MAN. — O, nô, nô, nô. Nô — å påck of thieves, bỷ

Oh, non, non, non. Pas — une bande de voleurs, en

nô means !

aucune manière !

LAND. — Aỷ, I thou*gh*t when I came tô speak, wẻ shou*l*d håve

Ah, je pensais quand je viendrais à parler, nous aurions

you upon' your *k*nees.

vous sur vos genoux.

JUST (impe'riously). — Si'lence ! — five times håve I commån'ded

(impérieusement). — Silence ! — cinq fois j'ai commandé

sı'lěnce ånd five tīmes în våin; ånd I wỏn't cỏmmånd' five tīmes
silence et cinq fois en vain; et je veux pas commander cinq fois

în våin, — thåt's pỏz!
en vain, — c'est positif!

LAND (în å pět, åside'). — ŏld Pŏz! — (åloud') Thěn, yoůr
(dans un dépit, à part). — le *père Positif!* — (haut) Alors, Votre

wŏr'shīp, I dŏn't sēe whåt bu'sīněss (u = i) I håve tô bē wåi'tīng
Honneur, je ne vois pas quelle affaire j'ai à être attendant

hēre; — thē fŏlks wīll wånt mē åt hŏme. — (rětůr'nīng ånd
ici; — les gens auront besoin de moi à la maison. — (revenant et

whīs'pěrīng.) Shåll I sěnd thē gŏose-pīe ŭp, yoůr wŏr'shīp? īt's
chuchottant.) Dois-je envoyer le pâté d'oie, votre Honneur? il

rēad'y.
est prêt.

JUST (wīth mågnånīm'īty). — I cåre nŏt fŏr thē gŏose-pīe, Mrs Bůs*t*le;
(avec magnanimité). — Je soucie pas pour le pâté d'oie, Mme Bustle

dŏ nŏt tå*l*k tŏ mē ŏf gŏose-pīes; thīs īs nŏ plåce tŏ tå*l*k ŏf pīes.
ne parlez pas à moi de patés d'oie; ceci est pas lieu pour parler de pâtés.

LAND. — O, fŏr thåt måt'těr, yoůr wŏr'shīp *k*nŏ*w*s běst,
Oh! pour cette chose, votre Honneur sait le mieux,

tŏ bē sůre (s = *ch*). (ěx'īt Lånd'lådy, ång'ry.)
pour sûr. (sort l'hôtesse, fâchée.)

SCENE III

JUSTICE HEADSTRONG, OLD MAN, ånd LUCY.

LUCY. — åh, now I åm glåd hē cån spēak; — now,
Ah, à présent je suis contente il peut parler; — maintenant

těll påpå' — ånd yoů nēed nŏt bē åfråid' tŏ spēak tŏ hīm, fŏr
dites à papa — et vous avez pas besoin d'être effrayé de parler à lui, car

hė is vėry good-nåtured; — dón't cöntrådict him though, —
il est très bon; ne le contredisez pas cependant, —

bėcåuse' hė told mė nöt.
parce que il m'a dit de ne pas le faire.

JUST. — O dår'ling, yoú shåll cöntrådict' mė ås often ås yoú
Oh, chérie, vous contredirez moi aussi souvent que vous

pléase, — ón'ly nöt bėfore' I've drünk mỳ chócolåte, child,
plairez, — seulement pas avant que j'aie bu mon chocolat, enfant,

hėy! — Gó ön, mỳ good friėnd, yoú sėe whåt it is tó live
hé! — Allez, mon bon ami, vous voyez ce que c'est de vivre

in old Eng'lånd (E = è), where, thånk Hėav'en, thė póo'rėst öf
dans la vieille Angleterre, où, grâce au Ciel, le plus pauvre des

His Måjėstỳ's süb'jėcts måy håve jüs'tice, ånd spėak his mind bėfore'
de Sa Majesté sujets peut avoir justice, et dire sa pensée devant

thė first mån in thė lånd. Now, spėak ön, ånd yoú hėar
le premier homme du pays. Maintenant, parlez, et vous entendez

shė tėlls yoú yoú nėed nöt bė åfråid' öf mė. Spėak ön.
elle dit à vous vous avez pas besoin être effrayé de moi. Parlez.

OLD MAN. — I thånk yoúr wór'ship, I'm súre (s = *ch*).
Je remercie votre Honneur, en vérité.

JUST. — Thånk mė! för whåt, sir? I wón't bė thånked
Remercier moi! pour quoi, Monsieur? Je veux pas être remercié

för dó'ing jüs'tice, sir. Só büt ėxplåin' this måt'tėr.
pour faisant justice, Monsieur. Ainsi seulement expliquez cette affaire.

Yoú löst yoúr mön'ey, hėy, åt thė Så'råcėn's Hėad; — yoú håd it
Vous avez perdu votre argent, hé, à la tête de Sarrasin; — vous l'aviez

såfe låst night, hėy? — ånd yoú missed it this mór'ning.
en sûreté la dernière nuit, hé? — et vous manquiez le ce matin.

åre yoú súre (s = *ch*) yoú håd it såfe åt night?
Êtes-vous sûr vous l'aviez en sûreté à la nuit?

OLD MAN. — O, pleașe yoûr wôr'ship, quite' sûre (s=*ch*), for I
O, plaise à votre Honneur, tout-à-fait sûr, car je

took it out and looked at it, jûst before' I said my pray'ers.
l'ai sorti et je l'ai regardé, juste avant j'ai dit mes prières.

JUST. — Yoû did — did yoû so? — hûm! pray, my good friend,
Vous fites — fites vous ainsi — hem! je vous prie, mon bon ami,

where might yoû have pût yoûr mon'ey when yoû went to bed?
où pouviez-vous avoir placé votre argent quand vous êtes allé au lit?

OLD MAN. — Pleașe yoûr wôr'ship, where I al'ways pût it —
Plaise à votre Honneur, où je toujours mets le —

al'ways — in my tobac'co-box.
toujours — dans ma tabatière.

JUST. — Yoûr tobac'co-box! I nev'er heard of sûch a thing;
Votre tabatière! je jamais ai entendu de pareille chose;

— to make a strong-box of a tobac'co-box — ha! ha! ha! — hûm! —
— faire un coffre-fort d'une tabatière — ha! ha! ha! — hem! —

and yoû say the box and all was gone in the môr'ning.
et vous dites la boîte et tout était parti le matin.

OLD MAN. — No, pleașe yoûr wôr'ship, no, not the box; the box
Non, plaise à votre Honneur, non, pas la boîte; la boîte

was nev'er moved from the place where I pût it. They left me the
n'a été jamais bougée de la place où je l'ai mise. Ils m'ont laissé la

box.
boîte.

JUST. — Tût, tût, tût, man! Took the mon'ey and left the box;
Ta, ta, ta, bonhomme! Pris l'argent et laissé la boîte;

I'll nev'er believe' that; I'll nev'er believe' that an'y one (a = è) (o = wô)
Je jamais croirai cela; je jamais croirai que quelqu'un

coûld be sûch a fool. Tût, tût! The thing's impos'sible: it's well
pourrait être un tel sot. Ta, ta, ta! La chose est impossible: Il est bien

yoû are not ûpon' oath.
vous êtes pas sous serment.

OLD MAN. — ĭf I wâs, plĕase yoûr wôr'shĭp, I shoûld sāy thĕ sâme,
Si je l'étais, plaise votre Honneur, je dirais de même,

fôr ĭt ĭs thĕ trûth.
car c'est la vérité.

JUST. — Dŏn't tĕll mĕ, dŏn't tĕll mĕ. I sāy thĕ thĭng ĭs ĭmpŏs'sible.
Ne dites pas çà, ne dites pas çà. Je dis la chose est impossible.

OLD MAN. — Plĕase yoûr wôr'shĭp, hĕre's thĕ bŏx.
Plaise à votre Honneur, ici est la boîte.

JUST. (gŏes ŏn wĭthout' loŏk'ĭng ât ĭt). — Nŏn'sĕnse! nŏn'sĕnse! ĭt's nŏ
(il continue sans regarder à elle). — Absurde! absurde! c'est pas

sûch thĭng, I sāy; — nŏ mân woûld tāke thĕ mŏ'ney ând lĕave thĕ
telle chose, je dis; — aucun homme prendrait l'argent et laisserait la

tŏbâc'cŏ-bŏx, I wĭll nĕ'ver bĕlĭeve' ĭt, — thât's pŏz!
tabatière, je jamais croirai cela, — c'est positif!

LUCY (tākes thĕ bŏx ând hŏlds ĭt ûp bĕfôre' hĕr fâ'thĕr's eyes). — Yoû
(prend la boîte et tient la en haut devant de son père les yeux). — Vous

dĭd nŏt sĕe thĕ bŏx, dĭd yoû, pâpâ'?
n'avez pas vu la boîte, n'est-ce pas, papa?

JUST. — Yĕs, yĕs, yĕs, chīld; — nŏn'sĕnse! ĭt's âll â lie frŏm
Si, si, si, enfant; — absurde! c'est tout un mensonge du

bĕgĭn'nĭng tŏ thĕ ĕnd. â mân whŏ tĕlls one (o = wŏ) lie wĭll
commencement à la fin. Un homme qui dit un mensonge en

tĕll â hûn'drĕd. — âll â lie! âll â lie!
dira un cent. — tout mensonge! tout mensonge!

OLD MAN. — ĭf yoûr wôr'shĭp woûld gĭve mĕ lĕave.....
Si votre Honneur voulait donner à moi permission.....

JUST. — Sĭr, — ĭt dŏes nŏt sĭg'nĭfy, — ĭt dŏes nŏt sĭg'nĭfy;
Monsieur, — cela ne signifie rien, — cela ne signifie rien;

I've sāid ĭt, ând thât's ĕnoûgh' (gh = f) tŏ cŏnvĭnce' mĕ; ând I'll
Je l'ai dit, et c'est assez pour convaincre moi; et je

tell you more, if the Lord Chief Jus'tice of Eng'land (E = è) told it to
vous dirai plus, si le Lord Chef Juge d'Angleterre disait cela à

me, I wou*l*d not believe' it, — that's poz!
moi, je voudrais pas croire cela, — c'est positif!

LUCY (still play'ing with the box). — But how comes the box here,
(encore jouant avec la boite). — Mais comment vient la boite ici,

I won'der?
je m'étonne?

JUST. — Pshaw! pshaw! pshaw! dar'ling; — go to your dolls,
Bah! bah! bah! chérie; — allez à vos poupées,

and don't be po'sitive; go to your dolls, and don't ta*l*k of what
et ne soyez pas positive; allez à vos poupées, et ne parlez pas de ce que

you don't understand'. — What can you understand', I want to *k*no*w*,
vous ne comprenez pas. — Que pouvez vous comprendre, je désire savoir,

of the la*w*?
de la loi?

LUCY. — No, papa', I didn't mean about' the la*w* — but
Non, papa, je ne voulais pas dire concernant la loi — mais

about' the box; because' if the man had ta'ken it, how cou*l*d
à propos de la boite; parceque si l'homme avait pris elle, comment pourrait

it be here, you *k*no*w*, papa?
elle être ici, vous savez, papa?

JUST. — He*y*, he*y*, what? — Why, what I sa*y* is this, that I
Hé, hé, quoi? — Mais, ce que je dis est ceci, que je

don't dispute' that that box, that you hold in your hands, is a box;
ne conteste pas que cette boite, que vous tenez dans vos mains, est une boite;

na*y*, for au*gh*t I *k*no*w*, it ma*y* be a tobac'co-box; — but it's clear
non, car autant que je sache, elle peut être une tabatière; — mais il est clair

to me that, if the*y* left the box, the*y* did not take the mon'ey; —
à moi que, si ils ont laissé la boite, ils n'ont pas pris l'argent; —

and how do you dare, Sir, to come before' Jus'tice Head'strong
et comment osez-vous, Monsieur, venir devant le juge Headstrong

with a lie in your mouth? Recollect′ yourself, I'll give you
avec un mensonge dans votre bouche? Recueillez vous, je donnerai à vous

time to recollect′ yourself′. (a pause)
temps pour recueillir vous-même. (une pause)

JUST.—Well, Sir, and what do you say, now, about′ the box?
Eh bien, Monsieur, et que dites-vous, à présent, concernant la boîte?

OLD MAN. — Please your wor′ship, with submiss′on (ss = *ch*), I can
Plaise à votre Honneur, avec soumission, je peux

say no′thing but what I said before′.
dire rien que ce que j'ai dit auparavant.

JUST. — What, contradict′ me again′ (ai = è) after I gave you
Quoi, contredire moi de nouveau après j'ai donné à vous

time to recollect′ yourself′! — I've done with you, I have done; —
temps de vous recueillir! — J'ai fini avec vous, J'en ai fini; —

contradict′ me as often as you please, but you can′not impose′
contredisez moi aussi souvent que vous plairez, mais vous pouvez pas en imposer

upon′ me; I defy′ you to impose′ upon′ me!
à moi; Je défie vous de m'en imposer!

OLD MAN. — impose′!
en imposer!

JUST. — I *know* the law! and I'll make you *know* it too. —
Je connais la loi! et je ferai vous la connaître aussi. —

One (o = wo) *h*our I give you to recollect′ yourself′, and if you don't give
Une heure je donne à vous pour vous recueillir, et si vous ne renoncez

up this idle sto′ry, — I'll — I'll commit′ you as a
pas à cette oiseuse histoire, — Je — Je vous enverrai en prison comme un

va′grant, — that's poz! — Go, go for the pre′sent. Wil′liam, take
vagabond, — c'est positif! — Allez, allez pour l'instant. Guillaume, conduisez

him in′to the ser′vant's hall, do you hear? — What, take the mon′ey
le dans la salle des domestiques, entendez-vous? — Quoi, prendre l'argent

and leave the box! — I'll ne′ver believe′ it, that's poz!
et laisser la boîte! — Je jamais croirai cela, c'est positif!

(LUCY speaks tŏ thė ŏld măn ăs hė ĭs gŏ'ing ŏff.)
(Lucie parle au vieillard comme il est partant.)

LUCY. — Dŏn't bė frightened! Dŏn't bė frightened; — I mėan, ĭf
Ne soyez pas effrayé! Ne soyez pas effrayé; — je veux dire, si

yoŭ tĕll thė trŭth, nĕv'ĕr bė frightened.
vous dites la vérité, jamais soyez effrayé.

OLD MAN. — ĭf I tĕll thė trŭth (tŭr'nĭng ŭp hĭs eyes)!
Si je dis la vérité (levant en haut les yeux)!

(ŏld măn ĭs stĭll hĕld băck bў Lŭ'cy.)
(le vieillard est encore retenu par Lucie.)

LUCY. — One (o = wŏ) mŏ'mĕnt; — ăns'wĕr mė one (o = wŏ) quĕs'tion,
Un moment; — répondez-moi une question,

(tion = tcheun) — bĕcăuse' ŏf sŏme'thĭng thăt jŭst căme ĭn'tŏ mў hĕad;
à cause de quelque chose qui à l'instant est venue dans ma tête;

— Wăs thė bŏx shŭt făst whĕn yoŭ lĕft ĭt?
— Etait la boîte fermée ferme quand vous l'avez laissée?

OLD MAN. — Nŏ, Mĭss, nŏ! — ŏpen, ĭt wăs ŏpen, fŏr
Non, Mademoiselle, non! — ouverte, elle était ouverte, car

I coŭld nŏt fĭnd thė lĭd ĭn thė dărk, — mў căndle wĕnt out...
je pouvais pas trouver le couvercle dans l'obscurité, — ma chandelle s'éteignit....

— ĭf I tĕll thė trŭth..... ŏh!
— si je dis la vérité..... oh!

SCENE IV

JUSTICE'S stŭ'dy — Thė JUSTICE ĭs wrĭ'tĭng.
Le bureau du juge. — Le juge est écrivant.

OLD MAN. — Wĕll! — I shăll hăve bŭt fĕw days mŏre
Eh bien! — j'aurai seulement quelques jours de plus

mĭ'sĕry ĭn thĭs wŏrld!
misère en ce monde!

JUST (looks up). — Why! why! — why then, why
(il regarde en haut). — Eh bien! Eh bien! — Mais alors, pourquoi

will you be so positive in a lie? Take the money and leave
voulez-vous être si positif dans un mensonge? Prendre l'argent et laisser

the box! obstinate blockhead! Here, William (showing the committal),
la boîte! obstiné imbécile! Ici, Guillaume (montrant le mandat d'arrêt),

take this old gentleman to Holdfast, the constable, and give him
conduisez ce vieux Monsieur à Holdfast, le constable, et donnez-lui

this warrant.
ce mandat.

(enter LUCY, running out of breath.)
(entre Lucie, accourant hors d'haleine.)

I've found it! I've found it! I've found it! Here, old man; here's your
J'ai trouvé le! Je l'ai trouvé! Je l'ai trouvé! Ici, vieillard; ici est votre

money, — here it is all, — a guinea and a half, and a shilling and
argent, — le voici tout, — une guinée et une demie, et un schelling et

a sixpence, just as he said, papa.
un six pence, juste comme il a dit, papa.

(enter LANDLADY.)
(entre l'hôtesse.)

O la! your worship, did you ever hear the like?
Holà! votre Honneur, avez-vous jamais entendu la pareille?

JUST. — I've heard nothing, yet, that I can understand.
J'ai entendu rien encore, que je puis comprendre.

First, have you secured the thief, I say?
D'abord, avez-vous arrêté le voleur, dites-moi?

LUCY (makes signs to the landlady to be silent). — Yes, yes, yes! we
(fait signe à l'hôtesse d'être silencieuse). — Oui, oui, oui! nous

have him safe, — we have him prisoner; — shall he come in,
avons lui sûr, — nous avons lui prisonnier; — doit-il entrer

papa?
papa?

JUST. — Yes, child, by all means, and now I shall hear
Oui, enfant, par tous moyens, et maintenant j'entendrai

what possessed him to leave the box, — I don't understand, —
ce qui possédait lui de laisser la boîte, — Je ne comprends pas, —

there's something deep in all this, I don't understand it. Now,
Là est quelque chose obscur dans tout cela, je ne comprends pas cela. A présent,

I do desire, Mrs Landlady, nobody may speak a single word,
je désire, Mme l'hôtesse, personne parle un seul mot

whilst I am cross-examining the thief.
pendant que je suis interrogeant le voleur.

(Landlady puts her finger upon her lips; every body looks
(L'hôtesse pose son doigt sur ses lèvres; chacun regarde

eagerly towards the door.)
curieusement vers la porte.)

(Reenter LUCY with a large wicker cage in her hand,
(Lucie rentre avec une grande cage d'osier à la main,

containing a magpie. — The Justice drops the committal out of his hands.)
contenant une pie. — Le juge laisse tomber le mandat d'arrêt hors de ses mains.)

JUST. — Hey, what! Mrs Landlady! The old magpie! hey!
Hé, quoi! Mme l'hôtesse! La vieille pie! Hé!

LAND. — Ay, your worship, my old magpie; — who'd have
Oui, votre Honneur, ma vieille pie; — qui aurait

thought it? Miss was very clever, it was she caught the thief.
pensé cela? Mademoiselle a été très habile, c'est elle qui a attrapé le voleur.

Miss was very clever.
Mademoiselle a été très habile.

OLD MAN. — Very good! very good!
Très bon! très bon!

JUST. — Ay, darling! Her father's own child! How was it,
Oui, chérie! [de son père la propre enfant! Comment cela était-il,

chìld ? — Cåu*gh*t thė ŧhiėf, wĭth thė plủn'dẻr, hẻ*y* ! tẻll ủs ảll,
enfant ? — Attrapé le voleur, avec le butin, hé ! dites-nous tout

— I wĭll hėar ảll, — thảt's pőz !
— Je veux entendre tout, — c'est positif !

LUCY. — *Ōh*, thẻn I mủst tẻll yoủ how I cảme tỏ sủspẻct'
Oh, alors je dois dire à vous comment je vins à suspecter

thė mảg'pie. — Dỏ yoủ rėmẻm'bẻr, pảpả', thảt dả*y* lảst sủm'mẻr,
la pie. — Vous rappelez-vous, papa, ce jour le dernier été,

thảt I wẻnt wĭth yoủ tỏ thė bō*w*'lĭng-grėen, ảt thė Sả'rảcẻn's Hẻad ?
que j'allai avec vous au boulingrin, à la Tête de Sarrasin ?

LAND. — O ! ỏf ảll dả*ys* ĭn thė yėar, — bủt I ảsk
Oh ! de tous les jours dans l'année, — mais je demande

pảr'dỏn, Mĭss....
pardon, Mademoiselle....

LUCY. — Wẻll, thảt dả*y* I hėard mȳ ủncle ảnd ảnỏth'ẻr
Eh bien, ce jour là j'entendis mon oncle et un autre

gẻntle'mản tẻl'lĭng stỏ'riės ỏf mảg'pies hī'dĭng mỏn'eȳ ; ảnd
Monsieur racontant des histoires de pies cachant de l'argent ; et

thẻ*y* lảid ả wả'gẻr ảbout' thĭs ōld mảg'pie, — ảnd thẻ*y*
ils mirent un pari à propos de cette vieille pie, — et ils

trĭed hẻr ; thẻ*y* pủt ả shĭl'lĭng ủpỏn' thė tảble, ảnd shė rản
essayèrent elle ; ils posèrent un schelling sur la table, et elle courut

ảwả*y*' wĭth ĭt, ảnd hĭd ĭt ; sỏ I ŧhỏu*gh*t thảt shė mĭ*gh*t dỏ sỏ
loin avec le, et cacha le ; ainsi j'ai pensé que elle avait pu faire ainsi

ảgảin' yoủ *knōw*, thĭs tĭme.
de nouveau, vous savez, cette fois.

JUST. — Rĭ*gh*t, rĭ*gh*t ; ĭt's ả pĭ'ty, chĭld, yoủ ảre nỏt ủpỏn'
Bien, bien ; c'est dommage, enfant, vous êtes pas sur

thė bẻnch ; hả ! hả ! hả !
le banc ; ha ! ha ! ha !

LUCY. — ând whên I wênt tô hêr ôld hīdīng plâce; — thêre
Et quand j'allai à sa vieille cachette ; — là

ĭt wâs; bût yoû sêe, pâpâ', shê dĭd nôt tâke thê bôx.
il était ; mais vous voyez, papa, elle avait pas pris la boîte.

JUST. — Nô, nô, nô ! bêcâuse' thê thiêf wâs â mâg'pĭe ; —
Non, non, non ! parce que le voleur était une pie ; —

nô mân woûld hâve tâken thê môn'ey ând lêft thê bôx.
aucun homme aurait pris l'argent, et laissé la boîte.

Yoû sêe I wâs right ; nô mân woûld hâve lêft thê bôx, hêy?
Vous voyez j'avais raison ; aucun homme aurait laissé la boîte, hé ?

LUCY. — Cêr'tâinly nôt, I sûppôse' — bût I'm sô vê'ry glâd,
Certainement pas, je suppose — mais je suis si très contente,

ôld mân, thât yoû hâve gôt yoûr môn'ey.
vieillard, que vous ayez eu votre argent.

JUST. — Wêll thên, chĭld, hêre, tâke mŷ pûrse, ând âdd
Eh bien alors, enfant, ici, prenez ma bourse, et ajoutez

thât tô ĭt. Wê wêre â lĭttle tôo hâ'sty wĭth thê cômmĭt'tâl, hêy?
y cela. Nous avons été un peu trop prompts avec le mandat d'arrêt, hé ?

LAND. — Aŷ, ând I fêar I wâs sô tôo ; bût whên one (= wo ô)
Oui, et je crains j'étais ainsi aussi ; mais quand on

ĭs toûched âbout' thê crê'dĭt ôf one's (o = wô) house, one's (o = wô)
est touchée concernant le crédit de sa maison, on est

âpt tô spêak wârm'ly.
enclin à parler avec chaleur.

OLD MAN. — O, I'm thê hâp'pĭêst mân âlive' ! Yoû âre âll
Oh, je suis le plus heureux homme vivant ! Vous êtes tous

cônvĭnced' I tôld yoû nô lĭes. — Sây nô môre... Sây nô
convaincus j'ai dit vous pas de mensonges. — Dites pas davantage... Dites pas

môre. — I âm thê hâp'pĭêst mân ! Mĭss, yoû hâve mâde
davantage. — Je suis le plus heureux homme ! Mademoiselle, vous avez fait

mê thê hâp'pĭêst ôld mân âlive' ! — Blêss yoû fôr ĭt !
moi le plus heureux vieillard vivant ! — Soyez bénie pour cela !

3

LAND. — Wĕll now, I'll tĕll yoû whăt, — I *knŏw* whăt
Eh bien à présent, je vous dirai quoi, — Je sais ce que

I think — yoû mûst kéep thăt măg'pie, ănd măke ă shŏw ŏf
je pense — vous devez garder cette pie et faire une exhibition de

hĕr, ănd I wâr'rănt shĕ'll bring yoû man'y (a = ĕ) ăn *hŏn'ĕst* pĕn'ny,
elle, et je garantis elle apportera à vous beaucoup d'honnêtes sous,

— fŏr ĭt's ă trûe stŏ'ry ănd fŏlks will like tŏ hĕar ĭt, I hŏpe.
— car c'est une vraie histoire et les gens aimeront de l'entendre, j'espère.

JUST (ĕa'gĕrly). — ănd, friĕnd, dŏ yoû hĕar, yoû'll dine hĕre
(vivement). — et, l'ami, entendez-vous, vous dînerez ici

tŏ d*ăy*. — Yoû'll dine hĕre. — Wĕ hăve sŏme ĕx'cĕllĕnt ăle. —
aujourd'hui. — Vous dînerez ici. — Nous avons de l'excellente ale. —

I will hăve yoû drink mỳ hĕalth, thăt's pŏz ! — H*ĕy*, yoû'll drink
Je veux avoir vous boire à ma santé, c'est positif ! — Hé, vous boirez

mỳ hĕalth, wŏn't yoû, h*ĕy*?
à ma santé, voulez-vous pas, hé ?

OLD MAN (bows). — O — ănd thĕ yoûng lă'dỳ's, ĭf yoû plĕase.
(il salue). — Oh — et de la jeune demoiselle, s'il vous plaît.

JUST. — Aỳ, aỳ, drink hĕr hĕalth. — Shĕ dĕsĕrves' ĭt. — Aỳ,
Oui, oui, buvez à sa santé. — Elle mérite cela. — Oui,

drink mỳ dăr'ling's hĕalth.
buvez de ma chérie à la santé.

LAND. — ănd plĕase yoûr wŏr'ship, ĭt's thĕ ri*gh*t time, I bĕliĕve',
Et plaise à votre Honneur, c'est le vrai temps, je crois,

tŏ spĕak ŏf thĕ gŏose'-pie now, — ănd ă chărm'ing pie ĭt ĭs,
de parler du pâté à présent, — et un charmant pâté c'est,

ănd ĭt's ŏn thĕ tăble.
et il est sur la table.

WILLIAM. — ănd Mr Smăck, thĕ cŭ'răte, ănd squîre' Sŏlĭd, ănd
Et Mr. Smack, le curé, et le squire Solid, et

thĕ Dŏc'tŏr, sĭr, ăre cŏme, ănd din'nĕr ĭs ŭpŏn' thĕ tăble.
le Docteur, Monsieur, sont venus, et le dîner est sur la table.

JUST. — Thěn lět ŭs sāy nō mōre. — Bŭt dō jŭs'tice ĭmmē'-
Alors disons pas plus. — Mais faisons justice immé-

dĭātely tō thē gōose'-pīe, — ănd, dār'lĭng, pŭt mē ĭn mīnd tō těll
tement au pâté, — et, chérie, mettez-moi dans l'idée de raconter

thĭs stō'ry āf'tĕr dĭn'nĕr. (āf'tĕr thēy hăve păssed out, thē Jŭs'tice stŏps.)
cette histoire après dîner. (après qu'ils sont sortis, le Juge s'arrête.)

" Těll thē stō'ry. " — I dōn't *knōw* whě'thĕr ĭt tělls wěll
« Raconter cette histoire. » — Je ne sais pas si elle parle bien

fōr mē, — bŭt I'll ně'vĕr bē pŏ'sĭtĭve an'y (a = ě) mōre, nō, ně'vĕr,
pour moi, — mais je ne serai jamais positif davantage, non, jamais,

thăt's pŏz !
c'est positif !

OLD POZ

(LE PÈRE POSITIF)

LUCY,	*fille du juge de paix.*
Mme BUSTLE,	*hôtesse de la Tête de Sarrasin.*
Le juge de paix HEADSTRONG.	
Un vieillard,	
WILLIAM,	*domestique.*

SCÈNE I

La maison du juge Headstrong. — Une salle. — Lucy arrosant des myrtes. — On entend un domestique dire derrière la scène :

Je vous dis que mon maître n'est pas levé. — Vous ne pouvez pas le voir. Ainsi, allez à vos affaires, vous dis-je.

LUCY. — A qui parlez-vous, William ? — Qui est-ce ?

WILLIAM. — Ce n'est qu'un vieillard, mademoiselle, qui apporte une plainte à mon maître.

LUCY. — Oh? alors, ne le renvoyez pas, — ne le renvoyez pas.

WILLIAM. — Mais mon maître n'a pas eu son chocolat, madame. Il ne veut voir personne avant d'avoir pris son chocolat, vous savez, madame.

LUCY. — Mais alors laissez entrer ici le vieillard. — Peut-être pourra-t-il attendre un petit moment. — Appelez-le.

(Le domestique sort. — Lucy chante et continue à arroser ses myrtes. — Le domestique fait entrer le vieillard.)

OLD POZ

LUCY.	*Daughter of the Justice.*
Mrs BUSTLE.	*Landlady of the Saracen's Head.*
JUSTICE HEADSTRONG.	
OLD MAN.	
WILLIAM.	*A servant.*

SCENE I

The house of Justice Headstrong. — A hall. — Lucy watering some myrtles. — A servant behind the scenes is heard to say :

— I tell you my master is not up... — You can't see him ; so go about your business, I say.

LUCY. — Whom are you speaking to, William? Who's that ?

WILL. — Only an old man, Miss, with a complaint for my master.

LUCY. Oh ! then don't send him away, — don't send him away.

WILL. — But master has not had his chocolate, ma'am. He will never see anybody before he drinks his chocolate, you know, ma'am.

LUCY. — But let the old man then come in here ; — perhaps he can wait a little while ; — call him.

(Exit servant ; — Lucy sings, and goes on watering her myrtles ; — the Servant shows in the Old Man.)

WILLIAM. — Vous ne pouvez pas voir mon maître d'ici à une heure; mais mademoiselle vous permettra de rester ici.

LUCY, (à part). — Pauvre vieillard! comme il tremble en marchant! — (Haut) Asseyez-vous, asseyez-vous. Mon père vous verra bientôt; veuillez vous asseoir.

(Il hésite; elle pousse une chaise vers lui.)

LUCY. — Veuillez vous asseoir. (Il s'assied.)

LE VIEILLARD. — Vous êtes bien bonne, mademoiselle, bien bonne.

(Lucy retourne à ses myrtes.)

LUCY. — Ah! j'ai peur que ce pauvre myrte ne soit tout à fait mort, tout à fait mort.

(Le vieillard soupire; elle se retourne.)

LUCY (à part). — Je me demande ce qui peut le faire soupirer ainsi. — (Haut.) Mon père ne vous fera pas attendre longtemps.

LE VIEILLARD. — Oh! madame, aussi longtemps que cela lui plaira; je ne suis pas pressé, — pas pressé. — Ce n'est qu'une petite affaire.

LUCY. Mais une petite affaire vous fait-elle soupirer ainsi?

LE VIEILLARD. — Ah! mademoiselle, c'est que.... bien que ce soit une petite affaire en soi, ce n'est pas une petite affaire pour moi. — (Soupirant.) C'était tout mon avoir, et je l'ai perdu.

LUCY. — Que voulez-vous dire? Qu'avez-vous perdu?

LE VIEILLARD. — Eh bien, mademoiselle..... — Mais je ne veux pas vous tourmenter avec cela.

LUCY. — Mais cela ne me tourmentera pas du tout. — C'est-à-dire que je désire l'entendre. — Ainsi, dites-le moi.

LE VIEILLARD. — Eh bien, mademoiselle, j'ai couché la nuit dernière à l'auberge qui est ici en ville, à la Tête de Sarrasin.....

LUCY (l'interrompant). — Écoutez! Voilà mon père qui descend l'escalier. Suivez-moi. — Vous me direz votre histoire en marchant.

LE VIEILLARD. — J'ai couché à la Tête de Sarrasin, mademoiselle, et.....

(Il sort en parlant.)

WILL. — You can't see my master this hour but Miss will let you stay here.

LUCY (aside). — Poor old man, how he trembles as he walks! (Aloud.) Sit down, sit down; my father will see you soon; pray, sit down.

(He hesitates, she pushes a chair towards him.)

LUCY. — Pray, sit down.

(He sits down.)

OLD MAN. — You are very good, Miss, very good.

(Lucy goes to her myrtles again.)

LUCY. — Ah! I'm afraid this poor myrtle is quite dead, — quite dead.

(The Old Man sighs, and she turns round.)

LUCY (aside). — I wonder what can make him sigh so! — (Aloud.) My father won't make you wait long.

OLD M. — Oh! ma'am, as long as he pleases — I'm in no haste, — no haste, — it's only a small matter.

LUCY. — But does a small matter make you sigh so?

OLD M. — Ah, Miss, because... though it is a small matter in itself, it is not a small matter to me (sighing again); it was my all, and I've lost it.

LUCY. — What do you mean? What have you lost?

OLD M. — Why, Miss? — but I won't trouble you about it.

LUCY. — But it won't trouble me at all? — I mean, I wish to hear it, — so tell it me.

OLD M. — Why, Miss, I slept last night at the inn here in town, — the Saracen's Head.

LUCY (interrupts him). — Hark, there is my father coming down stairs; follow me; — you may tell me your story as we go along.

OLD M. — I slept at the Saracen's Head, Miss, and...

(Exit talking.)

SCÈNE II

Le cabinet du juge Headstrong.

(Il paraît en robe de chambre, avec son bonnet. — Son pied goutteux pose sur un tabouret. — A côté de lui, une table et du chocolat. — Lucy s'appuie sur le bras du fauteuil.)

LE JUGE. — Bien, bien, ma chérie, tout de suite. — Je vais le voir tout de suite.

LUCY. — Pendant que vous prenez votre chocolat, papa ?

LE JUGE.— Non, non, non.— Je ne vois jamais personne avant d'avoir fini mon chocolat, ma chérie (il goûte son chocolat). — Il n'y a pas de sucre, enfant.

LUCY. — Si vraiment, papa.

LE JUGE. — Non, enfant, il n'y a pas de sucre, vous dis-je. — c'est positif.

LUCY. — Oh ! mais, papa, je vous assure que j'en ai mis deux morceaux moi-même.

LE JUGE. — Il n'y a pas de sucre, vous dis-je. — Pourquoi voulez-vous toujours me contredire, mon enfant ? — Il n'y a pas de sucre, vous dis-je.

(Lucy se penche sur lui d'un air enjoué et, avec la cuiller à thé, elle retire deux morceaux de sucre.)

LUCY. — Qu'est-ce que c'est que cela, papa ?

LE JUGE. — Peuh ! peuh ! peuh ! Il n'est pas fondu, enfant. C'est comme s'il n'y avait pas de sucre. — Oh ! mon pied, enfant !..... Mon pied !..... — Vous me tuez. — Allez, allez, je suis occupé, — j'ai à faire. — Envoyez-moi William, vous entendez, mon amour.

LUCY. — Et le vieillard, papa ?

LE JUGE. — Quel vieillard ? Je vous dirai que j'ai été tourmenté tout le temps, depuis que je suis réveillé et avant d'être réveillé, à propos de ce vieillard. S'il ne peut pas attendre, qu'il aille à ses affaires ! Ne savez-vous pas, enfant, que je ne vois jamais personne avant d'avoir pris mon chocolat ?

SCENE II

Justice Headstrong's Study.

He appears in his night-gown and cap, with his gouty foot upon a stool. — A table and chocolate beside him. — Lucy is leaning on the arm of his chair.)

JUST. — Well, well, my darling, presently. — I'll see him presently.

LUCY. — Whilst you are drinking your chocolate, papa?

JUST. — No, no, no. — I never see any body till I have finished my chocolate, darling. (He tastes his chocolate.) There's no sugar in this, child.

LUCY. — Yes, indeed, papa.

JUST. — No, child; — there's no sugar, I tell you; — that's poz!

LUCY. — Oh, but, papa, I assure you, I put in two lumps myself.

JUST. — There's no sugar, I say. — Why will you contradict me, child, for ever? — There is no sugar, I say.

(Lucy leans over him playfully, and with his tea-spoon pulls out two lumps of sugar.)

LUCY. — What's this, papa?

JUST. — Pshaw! pshaw! pshaw! It is not melted, child. — It is the same as no sugar. Oh, my foot, girl! my foot! — you kill me. — Go, go, I'm busy. — I've business to do. — Go and send William to me; do you hear, love?

LUCY. — And the old man, papa?

JUST. — What old man? I tell you what, I've been plagued ever since I was awake, and before I was awake, about that old man. If he can't wait, let him go about his business. — Don't you know, child, I never see any

— Et il en sera toujours ainsi, quand même ce serait un duc. C'est positif!..... Douze heures viennent de sonner et s'il ne peut pas attendre, il peut aller à ses affaires, n'est-ce pas?

LUCY. — Oh! monsieur, il peut attendre. Ce n'était pas lui qui était impatient..... — (Elle revient en souriant.) C'était seulement moi, papa, ne vous fâchez pas.

LE JUGE. — Bien, bien, bien (il finit sa tasse de chocolat et écarte le plateau). — Et, en tous cas, il n'y avait pas assez de sucre. — Envoyez-moi William, envoyez-moi William, enfant. Je terminerai mes affaires personnelles et alors..... (Lucy sort en dansant et en disant: Et alors! et alors!...)

LE JUGE (seul). — Oh! ce pied (il fait la grimace)! — Oh! ce pied! Certes, si le docteur Sparerib pouvait guérir de la goutte, alors en vérité j'aurais quelque opinion de lui. — Mais, quant à me faire renoncer à ma bouteille de Porto, c'est absurde, c'est tout à fait absurde. Je ne le peux pas. — Je ne le peux pas, et je ne le ferais pas pour tous les docteurs Sparerib de la chrétienté, c'est positif!

WILLIAM entre.

LE JUGE. — William — oh! aïe, aïe! hé! — quelle réponse, dites-moi, rapportez-vous de la Tête de Sarrasin? — Avez-vous vu Mme Bustle elle-même, comme je vous l'ai recommandé?

WILLIAM. — Oui, monsieur, j'ai vu l'hôtesse elle-même. — Elle a dit qu'elle viendrait immédiatement, monsieur.

LE JUGE. — Ah! c'est bien; — immédiatement?

WILLIAM. — Oui, monsieur, et voilà que j'entends sa voix, en bas.

LE JUGE. — Oh! faites-la monter, faites entrer Mme Bustle.

(Entre Mme BUSTLE, l'hôtesse de la Tête de Sarrasin.)

L'HOTESSE. — Je souhaite le bonjour à Votre Honneur. Je suis contente de vous voir si bonne mine. — Je suis venue en toute hâte (elle reprend haleine). — Notre pâté est au four. — C'est pour cela que vous m'avez envoyé chercher, je suppose.

LE JUGE. — C'est vrai, c'est vrai. — Asseyez-vous, ma bonne Madame Bustle, je vous prie.

body till I've drunk my chocolate? — and I never will, if it was a duke, that's poz! Why, it has but just struck twelve; if he can't wait, he can go about his business, can't he?

LUCY. — O, sir, he can wait. It was not he who was impatient (she comes back playfully); it was only I, papa; don't be angry.

JUST. — Well, — well, well (finishing his cup of chocolate, and pushing the tray away); and at any rate there was not sugar enough. — Send William, child, and I'll finish my own business, and then...

(Exit Lucy — dancing. — « And then! — and then! »)

JUSTICE, alone.

Oh, this foot of mine! (twinges) — Oh, this foot! Ay, if Dr Sparerib could cure one of the gout, then, indeed, I should think something of him; — but as to my leaving off my bottle of Port, it's nonsense, I can't do it. — I can't, and I won't for all the Dr Spareribs in Christendom, that's poz!

Enter WILLIAM.

JUST. — William — oh! — ay — ay — hey — what answer, pray, did you bring from the Saracen's Head? — Did you see Mrs Bustle herself, as I bade you.

WILL. — Yes, sir, I saw the landlady herself; — she said she would come up immediately, sir.

JUST. — Ah, that's well... — immediately?

WILL. — Yes, sir, and I hear her voice below now.

JUST. — O, show her up, show Mrs Bustle in.

Enter Mrs BUSTLE, the Landlady of the Saracen's Head.

LAND. — Good-morning, your worship! — I'm glad to see your worship look so well. — I came up with all speed (taking breath). Our pie is in the oven; — that was what you sent for me about, I take it.

JUST. — True — true — sit down, good Mrs. Bustle, pray.

L'HOTESSE. — Oh! votre Honneur est toujours bonne. — (Arrangeant son tablier.) Je suis montée comme j'étais et n'ai fait que jeter mon châle sur mes épaules. J'ai pensé que Votre Honneur excuserait..... — Je suis ravie de voir Votre Honneur avec une si bonne mine et de vous trouver si gaillard.

LE JUGE. — Oh! je suis très-gaillard (il tousse), toujours gaillard, et reconnaissant de l'être. J'espère voir encore beaucoup de fêtes de Noël, Madame Bustle...—Et ainsi notre pâté est au four? C'est, je crois, ce que vous me dites.

L'HOTESSE. — Au four, il y est. —Je l'y ai mis de mes propres mains, et, si nous avons seulement un peu de chance à la cuisson, ce sera un aussi joli pâté d'oie (cependant je ne devrais pas le dire).... — que Votre Honneur aura jamais vu.

LE JUGE. — Voulez-vous prendre un verre de quelque chose, ce matin, Madame Bustle? J'ai de bon whisky.

L'HOTESSE. — Oh! non, Votre Honneur, je remercie Votre Honneur. — C'est comme si je l'avais pris. Mais je viens de prendre mon *luncheon* avant de monter, — ou plutôt ma *sandwich*, devrais-je dire, pour me conformer à la mode, certainement. Un *luncheon* n'a plus cours chez personne, de nos jours (elle rit). Je m'attends à voir bientôt le palefrenier et le brosseur demander leur sandwich (elle se remet à rire). — Bien sûr, je demande pardon à Votre Honneur d'avoir parlé de *luncheon*.

LE JUGE. — Oh! Madame Bustle, le mot est un bon mot, car il désigne une bonne chose. Ha! ha! ha! ha! (Il tire sa montre). — Mais, je vous prie, est-ce l'heure du luncheon? — Comment! il est une heure passée, je le constate, et je croyais m'être levé remarquablement de bonne heure.

L'HOTESSE. — Oui, et certainement c'était remarquablement de bonne heure pour Votre Honneur. — Mais les gens de notre condition doivent être levés matin, vous le savez. — Moi, il y a sept heures que je suis levée et en train.

LE JUGE (s'étendant). — Sept heures!

L'HOTESSE. — Oui, vraiment, et même huit heures, pourrais-je dire, car je suis une petite personne matinale, quoique je dise là ce que je ne devrais pas dire. — Je suis une petite personne matinale.

LE JUGE. — Une petite personne matinale, comme vous dites, Madame Bustle. — Ainsi, j'aurais mon pâté d'oie pour le dîner, hé?

L'HOTESSE. — Pour le dîner, pour sûr quand l'horloge sonnera quatre heures. — Mais il ne faut pas que je reste à bavarder, car il pourrait se gâter,

LAND. — O, your worship's always very good (settling her apron); I came up just as I was, only threw my shawl over me; — I thought your worship would excuse. — I'm rejoiced to see your worship look so well, and to find you so hearty.

JUST. — O, I'm very hearty (coughing), always hearty and thankful for it; — I hope to see many Christmas doings yet, Mrs Bustle; — and so our pie is in the oven, I think you say?

LAND. — In the oven, it is. — I put it in with my own hands, and, if we have but good luck in the baking, it will be as pretty a goose-pie, though I should not say it, as pretty a goose-pie as ever your worship set your eye upon.

JUST. — Will you take a glass of any thing this morning, Mrs Bustle? — I have some nice whiskey.

LAND. — O no, your worship! — I thank your worship, though as much as if I took it; but I just took my luncheon before I came up — or more properly my *sandwich*, I should say, for the fashion's sake, to be sure. A *luncheon* won't go down with anybody, nowadays (laughs). — I expect hostler and boots will be calling for their *sandwiches* pretty soon (laughs again); — I'm sure I beg your worship's pardon for mentioning a *luncheon*.

JUST. — O, Mrs Bustle, the word's a good word, for it means a good thing, ha! ha! ha! ha! (pulls out his watch); — but, pray, is it luncheon time? — Why! it's past one, I declare, and I thought I was up in remarkably good time too.

LAND. — Well, and to be sure so it was; remarkably good time for your worship, — but folks in our way must be up betimes, you know, — I've been up and about these seven hours!

JUST. (stretching himself). — Seven hours!

LAND. — Aye, indeed, eight, I might say, for I'm an early little body, though I should not say it. — I am an early little body.

JUST. — An early little body, as you say, Mrs Bustle. — So I shall have my goose-pie for dinner, hey?

LAND. — For dinner, as sure as the clock strikes four; — but I mustn't

si je ne suis pas là. — Aussi faut-il que je souhaite le bonjour à Votre Honneur (elle salue).

LE JUGE. — Pas de cérémonie. — Pas de cérémonie, bonne Madame Bustle. Je suis votre serviteur.

(William entre pour enlever le chocolat. — L'hôtesse est en train de mettre son châle.)

LE JUGE. — Vous pouvez faire savoir à cet homme, William, que j'ai expédié mes affaires personnelles et que je suis libre maintenant pour la sienne. — (Il prend une prise de tabac.) Heum ! William, (Le juge se renverse gravement.) — Quelle mine a ce gaillard-là, dites-moi ?

WILLIAM. — Tout à fait la mine d'un voyageur, dans mon opinion, monsieur, ou quelque chose dans ce genre-là, je suppose.

(A ces mots, l'hôtesse se retourne d'un air curieux, et elle reste, afin de pouvoir écouter, tout en mettant et en attachant son châle.)

LE JUGE. — Heum ! — Une espèce de voyageur. — Heum ! Posez mon livre ouvert sur la table, au chapître *Vagabonds*, et, William, dites à la cuisinière que Mme Bustle me promet le pâté d'oie pour le dîner, — quatre heures, entendez-vous ? Maintenant, faites entrer le vieillard.

(L'hôtesse regarde vivement vers la porte, quand elle s'ouvre, et s'écrie :)

L'HOTESSE. — Mon vieux monsieur !

(Entre le vieillard.)

(Lucy suit le vieillard sur la pointe des pieds. — Le juge se renverse dans son fauteuil et prend un air important. — L'hôtesse met ses poings sur ses hanches. — Le vieillard tressaille en l'apercevant.)

LE JUGE. — Qu'est-ce qui vous arrête ? Avancez s'il vous plait.

L'HOTESSE (qui s'avance). — Ah ? c'est ainsi, monsieur ! C'est vous, monsieur ? — Ha, vous vous attendiez peu, je vous le garantis, à me rencontrer ici avec Son Honneur. — Mais vous avez compté sans votre hôte. Vous êtes tombé de la poële à frire dans le feu (de Charybde en Scylla).

LE JUGE. — Qu'est-ce que c'est que cela ? — Qu'est-ce que c'est ?

L'HOTESSE (elle s'élance). — Toutes vos balivernes ne réussiront pas avec

stay prating, for it may be spoiling if I'm away; — so I must wish your worship good morning. (She curtsies).

JUST. — No ceremony, — no ceremony, good Mrs Bustle, your servant.

Enter WILLIAM,

to take away the chocolate. — The Landlady is putting on her shawl.

JUST. — You may let that man know, William, that I have despatched my own business, and I am at leisure for his now — (taking a pinch of snuff). — Hum! — pray, William (Justice leans back gravely) — what sort of a looking fellow is he, pray?

WILL. — Most like a sort of a travelling man, in my opinion, sir, — or something that way, I take it.

(At these words, the Landlady turns round inquisitively, and delays, that she may listen, whilst she is putting on and pinning her shawl.)

JUST. — Hum! — a sort of a travelling man, — hum! — Lay my books out open, at the title *Vagrant* — and, William, tell the cook that Mrs Bustle promises me the goose-pie for dinner, — four o'clock, do you hear? And show the old man in now.

(The Landlady looks eagerly towards the door, as it opens, and exclaims:

LAND. — My old gentleman!

Enter the OLD MAN.

(Lucy follows the Old Man on tiptoe. — The Justice leans back, and looks consequential) — The Landlady sets her arms a-kimbo; the Old man starts as he sees her.)

JUST. — What stops you, friend? Come forward, if you please.

LAND. (advancing). — So, sir! Is it you, sir? — Ay, you little expected, I warrant you, to meet me here with his worship. — But there you reckoned without your host... — out of the frying-pan into the fire.

JUST. — What is all this? — What is this?

LAND. (running on). — None of your flummery stuff will go down with his

Son Honneur, pas plus qu'avec moi, je vous en avertis. — Ah ! vous pouvez aller plus loin, et trouver plus mal. — Gardez votre souffle pour refroidir votre potage.

LE JUGE. — (Il agite sa main avec dignité.) Madame Bustle, rappelez-vous le lieu où vous êtes. — Silence ! Silence ! — Avancez, monsieur, et que j'entende ce que vous avez à dire.

(Le vieillard s'avance.)

LE JUGE. — Qui êtes-vous ? Qu'est-ce que vous-êtes, l'ami ? Qu'avez-vous à faire avec moi ?

L'HOTESSE. — Monsieur, si Votre Honneur veut me permettre.....

(Le juge lui fait signe de se taire.)

LE VIEILLARD. — Plaise à Votre Honneur, je suis un vieux soldat....

L'HOTESSE (l'interrompant). — Dites un vieil hypocrite.

LE JUGE. — Madame Bustle, je vous en prie. — Je désire que vous laissiez cet homme parler.

LE VIEILLARD. — Depuis ces deux dernières années, je ne suis plus en état de travailler, car dans ma jeunesse j'ai travaillé autant que personne.

L'HOTESSE (l'interrompant avec feu). — Vous, travailler ! vous !...

LE JUGE. — Laissez-le finir son histoire, vous dis-je.

LUCY. — Oh, oui, oui, papa, parlez pour lui. Je vous en prie, Madame Bustle.....

L'HOTESSE (se retournant tout à coup vers Lucy). Mademoiselle ! — Je vous souhaite le bonjour, Madame. — Je demande humblement que vous m'excusiez de ne pas vous avoir vue plus tôt, miss Lucy.

(Le juge fait signe au vieillard qui reprend.)

LE VIEILLARD. — Mais, plaise à Votre Honneur, il a plu à Dieu de m'ôter l'usage de mon bras gauche et, depuis lors, je n'ai plus été capable de travailler.

L'HOTESSE. — Balivernes ! Balivernes !

LE JUGE (en colère). — Madame Bustle, j'ai demandé le silence, et je l'aurai... C'est positif? — Vous aurez votre tour tout à l'heure.

worship, no more than with me, I give you warning; — so you may go further aud fare worse — and spare your breath to cool your porridge.

JUST. (waves his hand with dignity). — Mrs Bustle, remember where you are. — Silence! — Silence! — Come forward, sir, and let me hear what you have to say.

(The Old Man comes forward.)

JUST. — Who, and what may you be, friend? and what is your business with me?

LAND. — Sir, if your worship will give me leave....

(Justice makes a sign to her to be silent.)

OLD M. — Please your worship, I am an old soldier.

LAND. (interrupting). — An old hypocrite, say.

JUST. — Mrs Bustle, pray, — I desire, — let the man speak.

OLD M. — For these two years past, ever since, please your worship, I wasn't able to work any longer, for in my youth I did work as well as the best of them...

LAND. (eager to interrupt). — You work! — you.....

JUST. — Let him finish his story, I say.

LUCY. — Ay, do, do, papa, speak for him. Pray, Mrs Bustle....

LAND. (turning suddenly round to Lucy). — Miss! — A good morning to you ma'am — I humbly beg your apologies, for not seeing you sooner, Miss Lucy.

(Justice nods to the Old Man who goes on.)

OLD M. — But, please your worship, it pleased God to take away the use of my left arm, and, since that, I have never been able to work.

LAND. — Flummery! Flummery!

JUST. (angrily). — Mrs Bustle, I have desired silence, and I will have it... that's poz! — you shall have your turn presently.

LE VIEILLARD. — Depuis ces deux années..... — car pourquoi aurais-je honte de dire la vérité ? — j'ai vécu de charités, et j'ai amassé une guinée et demie, et au-delà ; et je voyageais avec cet argent, allant chez mon petit-fils, dans le Nord, pour finir mes jours avec lui ; — mais... (il soupire.)

LE JUGE. — Mais..... quoi ? — Arrivez, je vous prie, au fait.

LE VIEILLARD. — Mais, la nuit dernière j'ai couché ici, en ville, plaise à Votre Honneur, à la Tête de Sarrasin.

L'HOTESSE (en fureur). — A la Tête de Sarrasin ! Oui, pardienne ! jamais pareil homme jusqu'ici n'a couché à la Tête de Sarrasin, et jamais cela n'arrivera à l'avenir, tant que je m'appellerai Bustle et que la Tête de Sarrasin sera la Tête de Sarrasin.

LE JUGE. — Encore ! — Encore ! — Madame l'hôtesse, voici qui est clair : J'ai dit que vous parleriez tout à l'heure. — Je veux qu'il parle le premier, puisque je l'ai dit. — C'est positif ! Continuez, mon ami. Vous avez couché la dernière nuit à la Tête de Sarrasin,

LE VIEILLARD. — Oui, plaise à Votre Honneur, et je n'accuse personne. — Mais, le soir j'avais mon argent en sureté, et le matin il était disparu.

L'HOTESSE. — Disparu ! — Vous dites bien disparu, dans ma maison ! Et c'est là la façon dont on me traite ! Est-ce ainsi ? — Je ne peux pas ne pas parler, plaise à Votre Honneur, devant une accusation si barbare, si extraordinaire, si calomnieuse, quand même le roi Georges et toute la famille royale seraient assis sur le siège de Votre Honneur, avec vous, pour m'imposer silence. — (Elle se retourne vers le vieillard.) Et c'est là votre reconnaissance, en vérité ! Ne me disiez-vous pas que le moindre trou dans ma maison serait assez bon pour vous, patelin hypocrite que vous êtes ? Et pour me remercier, vous m'appelez, moi et les miens, un tas de voleurs !

LE VIEILLARD. — Oh ! non, non. — Pas tas de voleurs, pas du tout !

L'HOTESSE. — Oui, j'ai pensé que lorsque je viendrais à parler, vous seriez a genoux.

LE JUGE (impérieusement). — Silence ! Voilà cinq fois que je commande le silence et cinq fois en vain ; et je n'ai pas l'habitude de commander cinq fois en vain. — C'est positif !

L'HOTESSE (d'un ton vexé, à part). — Ah ! le *Père Positif* ! — (Haut.) Alors, Votre Honneur, je ne vois pas ce qui me retient ici. — Les gens auront besoin de moi à la maison.... — (Elle se tourne vers le juge et dit à voix basse :) Faut-il envoyer le pâté d'oie, Votre Honneur ? Il est prêt.

OLD M. — For these two years past, — for, why should I be ashamed to tell the truth? — I have lived upon charity, and I scraped together a guinea and a half, and upwards; and I was travelling with it to my grandson, in the north, with him to end my days, — but (sighing)...

JUST. — But what? — Proceed, pray, to the point.

OLD M. — But, last night, I slept here in town, please your worship, at the Saracen's Head.

LAND. (in a rage). — At the Saracen's Head! Yes, forsooth, none such ever slept at the Saracen's Head before, or ever shall after as long as my name's Bustle, and the Saracen's Head is the Saracen's Head.

JUST. — Again! again! — Mrs landlady, this is downright. — I have said you should speak presently; — he shall speak first, since I've said it, — that's poz! Speak on, friend: you slept last night at the Saracen's Head.

OLD M. — Yes, please your worship, and I accuse nobody; — but, at night, I had my little money safe, and in the morning it was gone.

LAND. — Gone! — gone indeed in my house! and this is the way I'm to be treated! is it so? — I couldn't but speak, please your worship, to such an inhuman-like, out o'the way, scandalous charge, if King George, and all the Royal family, were sitting in your worship's chair, besides you, to silence me. — (Turning to the Old Man). — And this is your gratitude, forsooth! Didn't you tell me that any hole in my house was good enough for you, you wheedling hypocrite, and my thanks is to call me and mine a pack of thieves.

OLD M. — O, no, no, no. No — a pack of thieves, by no means!

LAND. — Aye, I thought when I came to speak we should have you upon your knees...

JUST. (imperiously). — Silence! — five times have I commanded silence and five times in vain; and I won't command five times in vain, — that's poz!

LAND. (in a pet, aside). — Old Poz! — (Aloud). Then your worship, I don't see what business I have to be waiting here; — the folks will want me at home. — (Returning and whispering.) Shall I send the goose-pie up, your worship, it's ready?

LE JUGE (avec magnanimité). — Peu m'importe le pâté d'oie, Madame Bustle. —Ne me parlez pas de pâtés d'oie. — Ce n'est pas ici le lieu de parler de pâtés.

L'HOTESSE. — Oh ! sur ce sujet-là, Votre Honneur sait ce qui est le mieux, bien sûr. (L'hôtesse sort en colère.)

SCÈNE III

Le juge HEADSTRONG. — Le VIEILLARD, et LUCY.

LUCY. — Ah ! maintenant il peut parler, j'en suis contente. — *A présent*, dites à papa... Et vous n'avez pas besoin d'avoir peur de lui parler, car il est bon ; — cependant, ne le contredites pas, — parce qu'il m'a dit de ne pas le faire.

LE JUGE. — O chérie, vous me contredirez aussi souvent qu'il vous plaira, — mais pas avant que j'aie pris mon chocolat, hé? enfant. Allez, mon ami ; vous voyez ce que c'est que de vivre dans la vieille Angleterre, où, grâce au Ciel ! le plus pauvre des sujets de Sa Majesté peut obtenir justice et dire ce qu'il pense devant le premier homme du pays. Maintenant, parlez, vous entendez qu'elle vous dit de n'avoir pas peur de moi. Parlez.

LE VIEILLARD. — Je remercie Votre Honneur, en vérité.

LE JUGE. — Me remercier ! Pourquoi, monsieur ? Je ne veux pas être remercié pour rendre la justice, monsieur. Ainsi, expliquez seulement cette affaire. Vous avez perdu votre argent, hé? à la Tête de Sarrasin. — Vous l'aviez bien hier soir, hé ? — et vous ne l'aviez plus ce matin. Etes-vous sûr que vous l'aviez le soir ?

LE VIEILLARD. — Oh ! plaise à Votre Honneur, tout à fait sûr, car je l'ai ôté et je l'ai regardé juste avant de dire mes prières.

LE JUGE. — C'est bien cela, — n'est-ce pas ? — heum ! Dites-moi, mon bon ami, où avez-vous pu mettre votre argent quand vous êtes allé vous coucher ?

LE VIEILLARD. — Plaise à Votre Honneur, là où je le mets toujours, — dans ma tabatière.

LE JUGE. — Dans votre tabatière ! Je n'ai jamais entendu chose pareille. — Faire un coffre-fort d'une tabatière ! — Ha ! ha ! ha ! — Heum ! — Et vous dites que la boîte et tout avait disparu le matin ?

JUST. (with magnanimity). — I care not for the goose-pie, Mrs Bustle; — do not talk to me of goose-pies; — this is no place to talk of pies.

LAND. — O, for that matter, your worship knows best, to be sure.

(Exit Landlady, angry.)

SCENE III

JUSTICE HEADSTRONG, OLD MAN, and LUCY.

LUCY. — Ah, now I'm glad he can speak; — now, tell papa — and you need not be afraid to speak to him, for he is very good-natured; — don't contradict him though, — because he told me not.

JUST. — O darling, you shall contradict me as often as you please, — only not before I've drunk my chocolate, child, hey! — Go on, my good friend, you see what it is to live in old England, where, thank Heaven, the poorest of His Majesty's subjects may have justice, and speak his mind before the first man in the land. Now speak on, and you hear she tells you you need not be afraid of me. Speak on.

OLD M. — I thank your worship, I'm sure.

JUST. — Thank me! for what, sir? I won't be thanked for doing justice, sir. So but explain this matter. You lost your money, hey, at the Saracen's Head; — you had it safe last night, hey? — and you missed it this morning. Are you sure you had it safe at night?

OLD M. — O, please your worship, quite sure, for I took it out and looked at it, just before I said my prayers.

JUST. — You did — did you so — hum! pray, my good friend, where might you have put your money when you went to bed?

OLD M. — Please your worship, where I always put it — always! — in my tobacco-box.

JUST. — Your tobacco-box! I never heard of such a thing; — to make a strong box of a tobacco-box — ha! ha! ha! — hum! — and you say the box and all was gone in the morning.

LE VIEILLARD. — Non, plaise à Votre Honneur, non, pas la boîte. La *boîte* n'a pas été dérangée de la place où je l'ai mise, on m'a laissé la boîte.

LE JUGE. — Ta, ta, ta, l'ami ! — Prendre l'argent et laisser la boîte. Je ne croirai jamais cela ! je ne croirai jamais que quelqu'un ait pu être si sot. Ta, ta, ta ! La chose est impossible. Il est heureux pour vous que vous ne parliez pas sous serment.

LE VIEILLARD. — Si je parlais sous serment, plaise à Votre Honneur, je dirais la même chose, car c'est la vérité.

LE JUGE. — Ne me dites pas cela, ne me dites pas cela. Je dis que la chose est impossible.

LE VIEILLARD. — Plaise à Votre Honneur, voici la boîte.

LE JUGE (il continue sans la regarder). — Absurde ! absurde ! Ça n'est pas ça, vous dis-je, — Personne n'irait prendre l'argent et laisser la tabatière. Je ne le croirai jamais, — c'est positif !

LUCY (elle prend la boîte et la tient élevée sous les yeux de son père). — Vous n'avez pas vu la boîte, n'est-ce pas, papa ?

LE JUGE. — Si, si, si, enfant. — Absurde ! Tout cela est mensonge du commencement à la fin. Un homme qui dit un mensonge en dira cent. Tout est mensonge ! tout est mensonge !

LE VIEILLARD. — Si Votre Honneur voulait me permettre...

LE JUGE. — Monsieur, — cela ne sert de rien, — cela ne sert de rien. Je l'ai dit, et c'est assez pour me convaincre ; et je vous dirai plus : si le Lord uge-en-chef d'Angleterre me racontait cela, je ne le croirais pas, c'est positif !

LUCY (continuant à jouer avec la boîte). — Mais comment se fait-il que voici la boîte, je me le demande ?

LE JUGE. — Bah ! bah ! bah ! ma chérie. Allez à vos poupées et ne soyez pas affirmative. — Allez à vos poupées et ne parlez pas de ce que vous ne comprenez pas. — Que pouvez-vous comprendre, à la loi, je désire le savoir ?

LUCY. — Non, papa, je ne ne veux pas parler de la loi, — mais de la boîte. — Car si cet homme l'avait prise, comment pourrait-elle être ici, vous comprenez, papa ?

LE JUGE. — Hé, hé, quoi ? — Eh bien ! ce que je dis est ceci : je ne conteste pas que cette boîte que vous tenez dans vos mains est une boîte. Assurément, autant que je sache, cela peut-être une tabatière ; — mais il est clair pour moi que, s'ils ont laissé la boîte, ils n'ont pas pris l'argent. — Et com-

OLD M. — No, please your worship, no, not the box; the box was never moved from the place where I put it. They left me the box.

JUST. — Tut, tut, tut, man! — Took the money and left the box: I'll never believe that; I'll never believe that any one could be such a fool. Tut, tut! The thing's impossible: it's well you are not upon oath.

OLD M. — If I was, please your worship, I should say the same, for it is the truth.

JUST. — Don't tell me, don't tell me. I say the thing is impossible.

OLD M. — Please your worship, here's the box.

JUST. (goes on without looking at it). — Nonsense! nonsense! it's no such thing, I say; — no man would take the money, and leave the tobacco-box, I will never believe it, — that's poz!

LUCY (takes the box and holds it up before her father's eyes) — You did not see the box, did you, papa?

JUST. — Yes, yes, yes, child; — nonsense! It's all a lie from beginning to end. A man who tells one lie will tell a hundred. — All a lie! all a lie!

OLD M. — If your worship would give me leave...

JUST. — Sir, — it does not signify; — it does not signify; I've said it, and that's enough to convince me; and I'll tell you more, if the Lord Chief Justice of England told it to me, I would not believe it, — that's poz!

LUCY (still playing with the box). — But how comes the box here, I wonder?

JUST. — Pshaw! pshaw! pshaw! darling; — go to your dolls, and don't be positive; — go to your dolls, and don't talk of what you don't understand. — What can you understand, I want to know, of the law?

LUCY. — No, papa, I didn't mean about the law — but about the box; because if the man had taken it, how could it be here, you know, papa?

JUST. — Hey, hey, what? — Why, what I say is this, that I don't dispute that that box, that you hold in your hands, is a box; nay, for aught I know, it may be a tobacco-box; — but it's clear to me that, if they left the box, they did not take the money; — and how do you dare, sir, to come before

ment osez-vous, monsieur, venir devant le juge Headstrong avec un mensonge à la bouche? — Recueillez-vous, je vais vous donner le temps de vous recueillir.

(Une pause.)

LE JUGE. — Eh bien, monsieur? — Et que dites-vous maintenant au sujet de cette boîte ?

LE VIEILLARD. — Plaise à Votre Honneur, sauf votre respect, je ne peux dire que ce que j'ai dit auparavant.

LE JUGE. — Quoi ! me contredire encore, après que je vous ai donné le temps de vous recueillir ! — J'en ai fini avec vous, j'en ai fini. — Vous pouvez me contredire autant de fois que vous voudrez, mais vous ne pourrez pas m'en imposer. Je vous défie de m'en imposer.

LE VIEILLARD. — En imposer!

LE JUGE. — Je connais la loi! et je vous la ferai connaître, à vous aussi. — Je vous donne une heure pour vous recueillir, et si vous ne renoncez pas à cette histoire oiseuse, — je vous... — je vous enverrai en prison comme vagabond, c'est positif ! — Allez, allez pour l'instant. William, conduisez-le dans la salle des domestiques, entendez-vous? — Quoi ! prendre l'argent et laisser la boîte! — Je ne croirai jamais cela, c'est positif!

LUCY (elle parle au vieillard pendant qu'il sort). — Ne soyez pas effrayé, n'ayez pas peur, — je veux dire, si vous dites la vérité, n'ayez pas peur.

LE VIEILLARD. — Si je dis la vérité! (Il lève les yeux au ciel.)

LUCY (elle retient encore le vieillard). — Un moment; — répondez à une question, — à cause de quelque chose qui vient de me venir à l'esprit. La boîte était-elle bien fermée quand vous l'avez laissée ?

LE VIEILLARD. — Non, mademoiselle, non ! — Ouverte, elle était ouverte, car je ne pouvais pas trouver le couvercle dans l'obscurité, — ma lumière s'éteignit... — Si je dis la vérité... — oh!

(Il sort.)

SCÈNE IV

Le cabinet du juge. — Le juge est à écrire.

LE VIEILLARD. — Eh bien, je n'aurai plus que quelques jours de misère en ce monde.

LE JUGE (il lève les yeux). — Eh bien? Eh bien ? — Eh bien, maintenant, eh

Justice Headstrong with a lie in your mouth? — Recollect yourself, I'll give you time to recollect yourself.

(A pause.)

JUST. — Well, sir, and what do you say now about the box?

OLD M. — Please your worship, with submission, I can say nothing but what I said before.

JUST. — What, contradict me again after I gave you time to recollect yourself. — I've done with you, I have done; contradict me as often as you please, but you cannot impose upon me; I defy you to impose upon me!

OLD M. — Impose!

JUST. — I know the law! and I'll make you know it too — one hour I give you to recollect yourself, and if you don't give up this idle story, — I'll — I'll commit you as a vagrant, — that's poz! — Go, go for the present. William, take him into the servant's hall, do you hear? — What, take the money, and leave the box! — I'll never believe it, that's poz!

(LUCY speaks to the old man as he is going off.)

LUCY. — Don't be frightened! Don't be frightened; — I mean, if you tell the truth, never be frightened.

OLD M. — If I tell the truth (Turning up his eyes)!

(Old man is still held back by Lucy.)

LUCY. — One moment; — answer me one question, — because of something that just came into my head; — Was the box shut fast when you left it?

OLD M. — No, Miss, no! — open, it was open, for I could not find the lid in the dark, — my candle went out... — If I tell the truth... oh!

(Exit.)

SCENE IV

JUSTICE'S study — The JUSTICE is writing.

OLD M. — Well! — I shall have but few days more misery in this world!

JUST (looks up). — Why! why! — why then, why will you be so positive–

bien, aurez-vous assez d'assurance pour persister dans un mensonge ? Prendre l'argent et laisser la boîte ! Entêté imbécile ! Ici, William ; (il montre le mandat d'arrêt) conduisez ce vieux monsieur à Holdfast, le constable, et donnez-lui ce mandat.

(Entre Lucy, qui accourt hors d'haleine.)

LUCY. — Je l'ai trouvé ! Je l'ai trouvé ! je l'ai trouvé ! Venez, vieillard ; voici votre argent, — voici le tout : — une guinée et demie, et un shelling, et six pence, juste comme il l'a dit, papa.

(Entre l'hôtesse.)

L'HOTESSE. — Holà, votre Honneur ! avez-vous jamais entendu dire pareille chose ?

Le JUGE. — Je n'ai rien entendu dire, jusqu'ici, que je puisse comprendre. D'abord, vous êtes-vous assurés du voleur, dites-moi?

LUCY (elle fait signe à l'hôtesse de se taire). — Oui, oui, oui ! nous l'avons, — nous le tenons prisonnier ; — faut-il qu'il entre, papa ?

LE JUGE. — Oui, enfant, en tout cas ; et maintenant je vais apprendre où il avait l'esprit en laissant la boîte. Je ne comprends pas. Il y a quelque chose d'obscur dans tout ceci ; je ne le comprends pas. Maintenant, madame l'hôtesse, que personne ne dise un seul mot pendant que je vais interroger le voleur.

(L'hôtesse met le doigt sur ses lèvres. — Chacun regarde attentivement vers la porte. — Lucy rentre avec une grande cage d'osier à la main contenant une pie. — Le juge laisse tomber le mandat d'arrêt.)

LE JUGE. — Hé ! — Quoi ! madame l'hôtesse ! La vieille pie ! Hé !...

L'HOTESSE. — Oui, Votre Honneur, ma vieille pie. — Qui l'aurait cru ? Mademoiselle a été bien habile ; c'est elle qui a pris le voleur. Mademoiselle a été bien habile.

LE VIEILLARD. — Très bon ! Très bon !

LE JUGE. — Ah ! chérie. C'est bien l'enfant de son père ! Comment cela s'est-il fait ? — Pris le voleur avec le butin, hé ! Dis-nous tout, — je veux savoir tout — c'est positif !

LUCY. — Oh ! alors il faut que je vous dise comment je vins à soupçonner madame la pie. — Vous rappelez-vous, papa, ce jour de l'été dernier, que je suis allée avec vous au boulingrin, à la Tête de Sarrazin ?

to persist in a lie? Take the money and leave the box! Obstinate blockhead! Here, William (showing the committal), take this old gentleman to Holdfast, the constable, and give him this warrant.

[Enter LUCY, running out of breath.

LUCY. — I've found it! I've found it! I've found it! Here, old man; here's your money, — here it is all, — a guinea and a half, and a shilling and a sixpence, just as he said, papa.

Enter LANDLADY.

LAND. — O la! your worship, did you ever hear the like?

JUST. — I've heard nothing, yet, that I can understand. First, have you secured the thief, I say?

LUCY (makes signs to the landlady to be silent). — Yes, yes, yes! we have him safe, — we have him prisoner; — shall he come in, papa?

JUST. — Yes, child, by all means; and now I shall hear what possessed him to leave the box, — I don't understand, — there's something deep in all this, I don't understand it. Now I do desire, Mrs Landlady, nobody may speak a single word, whilst I am cross-examining the thief.

(Landlady puts her finger upon her lips: — every body looks eagerly towards the door. Reenter LUCY with a large wicker cage in her hand, containing a magpie.) — The Justice drops the committal out of his hands.

JUST. — Hey! — what! Mrs Landlady! The old magpie! hey!

LAND. — Aye, your worship, my old magpie; — who'd have thought it? Miss was very clever, it was she caught the thief. Miss was very clever.

OLD M. — Very good! Very good!

JUST. — Aye, darling! Her father's own child! How was it, child? — Caught the thief with the plunder, hey! tell us all, — I will hear all, — that's poz!

LUCY. — Oh, then I must tell you how I came to suspect the magpie. — Do you remember, papa, that day last summer, that I went with you to the bowling-green, at the Saracen's Head?

L'HOTESSE. — Oh ! de tous les jours de l'année... mais je vous demande pardon, mademoiselle.

LUCY. — Eh bien ce jour-là, j'ai entendu mon oncle et un autre Monsieur raconter des histoires de pies qui cachent de l'argent ; — et ils firent un pari sur cette vieille pie, — et ils la mirent à l'épreuve. — Ils posèrent un shelling sur la table ; elle l'emporta en courant, et le cacha ; — alors j'ai pensé qu'elle pouvait avoir fait la même chose, vous savez, cette fois-ci.

LE JUGE. — Bien, bien. — C'est bien dommage, enfant, que vous ne soyez pas sur le banc des juges, ha ! ha ! ha !

LUCY. — Quand je suis allée à la vieille cachette, c'était là ; — mais vous voyez, papa, qu'on n'a pas pris la boite.

LE JUGE. — Non, non, non ! Parce que le voleur était une pie. — Pas un homme n'aurait pris l'argent et laissé la boîte. Vous voyez que j'avais raison ; — pas un homme n'aurait laissé la boîte, hé ?

LUCY. — Certainement non, je crois... — mais je suis bien contente, vieillard, que vous ayez votre argent.

LE JUGE. — Eh bien ! alors, mon enfant, approchez, prenez ma bourse et ajoutez-y cela. Nous avons été un peu trop prompts pour le mandat, — hé ?

L'HOTESSE. — Oui, et moi je crains de l'avoir été aussi, mais quand on est atteint dans l'honneur de sa maison, on est enclin à parler vivement.

LE VIEILLARD. — Oh ! je suis l'homme du monde le plus heureux. Vous êtes tous convaincus que je ne vous ai pas dit de mensonges ; — n'en dites pas plus, — n'en dites pas plus. — Je suis le plus heureux des hommes ! Mademoiselle, vous m'avez rendu le plus heureux vieillard du monde ! — Soyez-en bénie !

L'HOTESSE. — Eh bien maintenant, je vais vous dire — j'ai mon idée.— Il faut que vous preniez cette pie et que vous la montriez en public, et je vous garantis qu'elle vous rapportera beaucoup de pences honnêtement gagnés ; — car c'est une histoire vraie, et les gens aimeront à l'entendre, j'espère.

LE JUGE (vivement). — Et, mon ami, entendez-vous, vous dînerez ici aujourd'hui. — Nous avons de l'excellente bière. — Je veux que vous buviez à ma santé, c'est positif ! — Hé, vous boirez à ma santé, n'est-ce pas, hé ?

LE VIEILLARD (saluant). — Oh !.... et à la santé de la jeune demoiselle, s'il vous plaît.

LAND. — O, of all days in the year, — but I ask pardon, Miss.

LUCY. — Well, that day I heard my uncle and another gentleman telling stories of magpies hiding money; and they laid a wager about this old magpie, — and they tried her; — they put a shilling upon the table, and she ran away with it, and hid it; — so I thought that she might do so again, you know, this time.

JUST. — Right, right; it's a pity, child, you are not upon the bench; ha! ha! ha!

LUCY. — And when I went to her old hiding place; — there it was; — but you see, papa, she did not take the box.

JUST. — No, no, no? because the thief was a magpie; — no man would have taken the money, and left the box. You see I was right; — no man would have left the box, hey?

LUCY. — Certainly not, I suppose — but I'm so very glad, old man, that you have got your money.

JUST. — Well then, child, here, take my purse, and add that to it. We were a little too hasty with the committal, — hey?

LAND. — Ay, and I fear I was so too; but when one is touched about the credit of one's house, one's apt to speak warmly.

OLD M. — O, I'm the happiest man alive! You are all convinced I told you no lies. — Say no more..... Say no more. — I am the happiest man! Miss, you have made me the happiest old man alive! — Bless you for it!

LAND. — Well now, I'll tell you what — I know what I think — you must keep that magpie, aud make a show of her, and I warrant she'll bring you many an honest penny. — For it's a true story and folks will like to hear it, I hope.

JUST. (eagerly). — And, friend, do you hear, you'll dine here to day. — You'll dine here. — We have some excellent ale. — I will have you drink my health, that's poz! — Hey, you'll drink my health, won't you, hey?

OLD M. (bows). — O — and the young lady's, if you please

LE JUGE. — Oui, oui, buvez à sa santé. — Elle le mérite. — Hé, vous boirez à la santé de ma chérie.

L'HOTESSE. — Et, plaise à votre Honneur, c'est le bon moment, je crois, de parler du pâté d'oie, c'est un charmant pâté, il est sur la table.

WILLIAM. — Et M. Smack, le curé, et le squire Solide, et le docteur sont venus, monsieur, et le dîner est servi.

LE JUGE. — Alors ne disons rien de plus; occupons nous seulement de rendre immédiatement justice au pâté d'oie, — et, ma chérie, faites-moi penser à raconter cette histoire après le dîner.

(Quand ils sont sortis, le juge s'arrête, et dit :)

Raconter cette histoire? Je ne sais pas si elle sera à mon honneur, mais je ne veux plus être positif, non, plus jamais ! c'est positif.

JUST. — Ay, ay, drink her health. — She deserves it. — Ay, drink my darling's health.

LAND. — And please your worship, it's the right time, I believe, to speak of the goose-pie now, — and a charming pie it is, and it's on the table.

WILL. — And Mr Smack, the curate, and squire Solid, and the Doctor, sir, are come, and dinner is upon the table.

JUST. — Then let us say no more. — But do justice immediately to the goose-pie — and, darling, put me in mind to tell this story after dinner.

(After they have passed out, the Justice stops.)

"Tell this story." — I don't know whether it tells well for me, — but I'll never be positive any more, no, never — that's poz!

Imprimerie A. Lahure, rue de Fleurus, 9, à Paris.

www.ingramcontent.com/pod-product-compliance
Ingram Content Group UK Ltd.
Pitfield, Milton Keynes, MK11 3LW, UK
UKHW020959180726
13838UKWH00003B/1387